校企合作双元开发新形态信息化教材
国家级高技能人才培训基地建设项目成果系列教材
高等职业教育“十四五”新能源汽车专业技能型人才培养规划教材

新能源汽车
动力驱动电机电池技术

（智媒体版）

主　编　孙　洁（重庆机电职业技术大学）
　　　　罗秋宇（重庆机电职业技术大学）
副主编　陈　翠（重庆机电职业技术大学）
　　　　张　毅（重庆机电职业技术大学）
　　　　廖杨萌（重庆机电职业技术大学）
　　　　方　超（顺达汽修）
主　审　刘　诚（重庆中汽美凯汽车有限公司）

西南交通大学出版社
·成　都·

内容介绍

本书内容包括新能源汽车驱动电机总成检测维修、电机减速机构检测维修、电机冷却系统部件检测维修、电机控制系统部件检测维修、电机控制系统部件检测维修、电池管理系统的组成及功能、动力电池冷却系统认识与检修、车载充电系统部件检测维修、动力电池性能检测维修等 9 个任务。通过系统的学习，既能培养学生检测与维修的能力，又能培养学生的学习能力、分析问题和解决问题的能力。

本书可作为高等学校、高等职业院校车辆工程、新能源汽车技术及相关专业的教材，也可作为新能源汽车相关工程技术人员、管理人员和科研人员的参考用书。

图书在版编目（CIP）数据

新能源汽车动力驱动电机电池技术：智媒体版 / 孙洁，罗秋宇主编. —成都：西南交通大学出版社，2022.2

高等职业教育“十四五”新能源汽车专业技能型人才培养规划教材

ISBN 978-7-5643-8602-3

Ⅰ. ①新… Ⅱ. ①孙… ②罗… Ⅲ. ①新能源 – 汽车 – 驱动机构 – 高等职业教育 – 教材②新能源 – 汽车 – 蓄电池 – 高等职业教育 – 教材 Ⅳ. ①U469.703

中国版本图书馆 CIP 数据核字（2022）第 021363 号

高等职业教育“十四五”新能源汽车专业技能型人才培养规划教材

Xinnengyuan Qiche Dongli Qudong Dianji Dianchi Jishu（Zhimeiti Ban）

新能源汽车动力驱动电机电池技术（智媒体版）

主编　孙　洁　罗秋宇

责任编辑　何明飞
封面设计　GT 工作室

出版发行　西南交通大学出版社
（四川省成都市金牛区二环路北一段 111 号
西南交通大学创新大厦 21 楼）
邮政编码　610031
发行部电话　028-87600564　028-87600533
网址　http://www.xnjdcbs.com
印刷　四川煤田地质制图印刷厂

成品尺寸　185 mm × 260 mm
印张　9.25
字数　204 千
版次　2022 年 2 月第 1 版
印次　2022 年 2 月第 1 次
定价　45.00 元
书号　ISBN 978-7-5643-8602-3

课件咨询电话：028-81435775

前言 PREFACE

随着环保问题的日益突出，汽车工业面临的挑战愈加严峻。新能源汽车成为 21 世纪汽车工业发展的热点。新能源汽车技术的快速发展和国家政策扶持力度的增大，使得新能源汽车后市场将需要大量的销售、维修及其他方面的人才。作为职业院校，学校要与时俱进、紧跟企业步伐，培养适应企业发展要求的人才。

鉴于现阶段的人才需求及转速，职业教育改革的方向是逐步改进，课程体系和教学模式，评价机制由企业的岗位需求来确定，通过专家论证、走访企业、问卷调查、座谈等方式，确定典型工作任务，分析企业的岗位设置，论证人才的培养模式。

本书以典型工作任务为载体，结合新能源汽车企业的要求和国家职业技能标准和历年的技能大赛，进行提炼归纳，总结出的具有代表性的工作任务。采用一体化教学模式，内容新颖，任务明确，注重科学性。本书内容由易到难，适用大量现场照片，图文并茂，实战性强，适用性强，配套资源丰富，有利于激发学生的学习兴趣，适合每一位初学者；落实了“做中学，做中教”的人才培养理念，保证了培训技能与企业一线需要的一致性。

本书由重庆机电职业技术大学车辆与交通学院部分教师合作组编，全书由孙洁组织和统稿，廖杨萌负责编写项目 1 的任务 1 和任务 2，罗秋宇负责编写项目 1 的任务 3 至任务 5，陈翠负责编写项目 2 的任务 1，方超负责编写项目 2 的任务 2，孙洁负责编写项目 2 的任务 3，张毅负责项目 2 的任务 4。由重庆中汽美凯汽车有限公司技术总监刘诚负责全书的审核。

在本书的编写过程中，引用了大量原厂手册、一些网上资料和图片、汽车厂家的培训课件及其他文献资料，在此，全体编者向原作者们表示衷心的感谢!由于时间仓促，书中难免会有疏漏之处，希望读者予以谅解并指正，编者深表感谢。

编　者

2021 年 4 月

目录 CONTENTS

项目 1

电机系统功能检测与维修

项目描述

驱动电机对于新能源汽车来说就像人的心脏一样重要，它负责给整车提供驱动力。新能源汽车电机系统包括驱动电机、冷却系统和控制系统，那它是如何工作呢？当电机系统出现故障时，该如何检修呢？本项目的主要内容是介绍新能源汽车电机系统检测与维修，包含以下 5 个任务：

任务 1　驱动电机总成检测维修

任务 2　电机减速机构检测维修

任务 3　电机冷却系统部件检测维修

任务 4　电机控制系统部件检测维修

任务 5　电机控制器检测维修

通过这 5 个任务的学习，掌握新能源汽车电机系统的组成与原理，能够对新能源汽车电机系统进行检测与维修。

任务 1 驱动电机总成检测维修

情景引入

如果你是一名新能源汽车维修技师，客户反映整车异响，经到店诊断，声音从电驱动总成位置发出，初步判断为电驱动总成异响，需要拆卸检修。你能完成这个任务吗?

学习目标

◎知识目标

（1）能够描述驱动电机总成的结构与组成。

（2）能够描述驱动电机的作用。

（3）能够描述驱动电机的拆卸更换步骤。

◎技能目标

（1）能拆装、清洗和检查驱动电机端盖及壳体。

（2）能拆装、清洗、检查和测量驱动电机转子。

（3）能拆装、检查和测量驱动电机三相线束。

（4）能拆装、清洗、检查和测量驱动电机旋转定子。

◎素质目标

（1）树立正确的学习观、价值观，自觉践行行业道德规范；养成良好的操作习惯，能够按规范要求做好安全防护。

（2）遵规守矩，养成团结协助、各司其职做好检修工作的习惯。

（3）发扬一丝不苟、精益求精的工匠精神。

任务分析

通过对电驱总成的学习，完成电驱总成的拆装和检测。

任务实施

1. 实施准备

（1）防护装备：安全防护装备。

（2）车辆、台架、总成：比亚迪 E5 整车。

（3）专用工具、设备：绝缘工具套件、举升机、工具车。
（4）手工工具：无。
（5）辅助材料：警示标识和设备。

2. 实施步骤

以比亚迪 E5 为例，进行电驱总成的更换，具体步骤如下。
（1）高压安全防护。
（2）断高压。
（3）拆卸整车护板。
（4）拆卸电机控制器插接器。
（5）拆卸电驱动相关线束。
（6）放减速器润滑油。

注：在拆分过程中，请注意保护好所有零部件，做好收纳工作，防止零部件被意外损坏。

在动力总成拆卸前，打开放油螺塞组件（图 1-1-1），将变速箱体内的润滑油排放干净，再稍微拧上放油螺塞组件，防止拆卸过程中异物掉入变速箱体内。注意:不要扭得太紧，以免压碎 O 形密封圈。

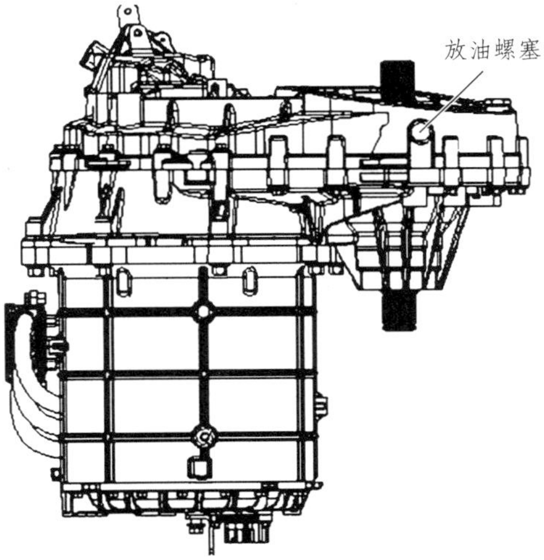

图 1-1-1　放油螺塞位置

（7）拆卸传动轴。
（8）拆卸悬置螺栓。
（9）拆卸电驱总成（图 1-1-2）。

图 1-1-2　电驱总成外观

（10）电驱总成分解。

3. 注意事项

1）电动总成

（1）变速箱为浸油式润滑。

（2）动力系统总成在分解修理后，再重新装到车上，待传动轴插入变速箱差速器端口花键卡圈锁住后，再确保油封无异常。确认注油螺塞和放油螺塞螺纹无异常，注油螺塞拧紧力矩 35～39 N·m，放油螺塞打紧力矩 47～53 N·m。

2）螺栓、螺母

电机端盖和总成合箱壳体上的螺栓或螺母，驱动电机控制器和电机壳体上的螺栓，按对角线松开和拧紧，如果螺栓有裂纹或者损坏，请及时更换。

3）轴　承

（1）安装时要用变速器润滑油润滑所有的轴承，也可以在内外圈与轴、箱体座孔结合的柱面上涂抹润滑脂（黄甘油也可）。

（2）安装过程中，采用规定的工装进行工作。

（3）同样尺寸的轴承外圈与内圈不可以替换。（但变速器主轴前轴承内外圈无须考虑调整垫片因素，且产品本身具有良好的加工一致性，故条件不允许时，该轴承例外。）

（4）同一轴上的圆锥滚子轴承应同时更换，轴承型号应相同，包括副轴和差速器的轴承。

知识链接

1. 驱动电机简介

在新能源汽车中，一般情况下用驱动电机取代发动机工作。驱动电机在电机控制器的控制下，将电能转换为动能来驱动车辆行驶。其中，在纯电动汽车和燃料电池汽车中，驱动电机是唯一的动力装置；在串联式混合动力汽车中，驱动电机作为主要的动力装置；在并联式混合动力汽车中，电动机作为辅助动力装置。新能源汽车与传统燃油汽车最主要的区别就在于新能源汽车全部以驱动电机为动力装置。

新能源汽车驱动电机在需要充分满足汽车运行功能的同时，还应满足行驶的舒适性、环境适应性等性能，以及对车辆一次充电续驶里程的要求。新能源汽车驱动电机具有比普通工业电机更为严格的技术规范和标准要求，其主要性能要求如下。

1）体积小、质量轻

为了充分利用有限的车载空间，减小车辆重量，降低运行中的能量消耗，应尽量减小驱动电机的体积和质量（如采用铝合金外壳）。各种控制装置和冷却系统等也要求尽可能轻量化和小型化。

2）全速段高效运行

一次充电续驶里程长，特别是在车辆频繁启停或变速运行的情况下，驱动电机应具有较高的效率。

3）低速大转矩及宽范围的恒功率特性

即使没有变速器，驱动电机本身应能满足所需的转矩特性，以获得在起动、加速、行驶、减速、制动等各种运行工况下的功率和转矩要求。驱动电机应具有自动调速功能，可以减轻驾驶员的操纵强度，提高驾驶的舒适度，并且能够达到与传统内燃机汽车同样的控制响应速度。

4）高可靠性

在任何运行工况下，驱动电机都应具有高可靠性，以确保车辆的行驶安全。

5）高电压

在允许的范围内尽可能采用高电压，可以减小电机的尺寸和控制器、导线等设备的尺寸，有利于降低逆变器的成本。

6）安全性能

动力电池组、驱动电机等强电部件的工作电压能够达到 300 V 以上，这对电气系统安全性和控制系统的安全性提出了更高的要求，都必须符合相关车辆电气控制的安全性能标准和规定。

7）高转速

与低转速电机相比，高转速电机的体积较小、重量较轻，有利于降低整车装备的重量。

8）使用寿命长

为降低新能源汽车的使用成本，驱动电机的使用寿命应和车辆保持一致，真正实现节能环保的目标。

同时，驱动电机还要求耐温和耐潮性能好、运行噪声低、结构简单、成本低、适合批量生产、使用维护方便等特点。

电机的种类很多，用途广泛，功率覆盖面非常大。而新能源汽车出于对功率容量、体积、重量、散热等条件的考虑，采用的电动机种类较少。迄今为止，新能源汽车采用的驱动电机主要包括直流电动机、交流感应电动机、永磁电动机、开关磁阻电动机等。

1）直流电动机

直流电动机是在电动汽车上应用最早、最广泛的一种驱动电机，对于以动力电池提供电能的新能源汽车，可以由电池组直接获得直流电。

直流电机由定子、转子、换向器和电刷组成，定子上有磁极，转子有绕组。通电后，转子上也形成磁极，定子和转子的磁场之间有一个夹角，在定转子磁场的相互吸引下，使电机旋转。直流电机商品化的历史最长，控制简单且具有优良的电磁转矩控制特性，串励直流电机、他励直流电机、永磁（有刷）直流电动机至今仍在电动车辆中有广泛的应用。直流电动机的缺点是电动机本身结构复杂，采用机械换向存在电刷的维护问题，换向的电火花会产生严重的电磁干扰，高速时有环火，不适宜高速运行，且体积偏大，防护差。鉴于以上缺点以及交流电机驱动系统的迅速发展，可以预见，直流电动机将被逐步淘汰。

2）交流感应电动机

交流感应电动机的定子及转子为独立绕组，两者基于电磁感应原理实现力矩的传递，其转子以低于气隙旋转磁场转速旋转的交流电机，也称为交流异步电动机。它简单坚固，成本相对低廉，但控制系统复杂，存在调速范围小，转矩特性不理想的问题。近年来交流电动机之所以得到普遍推广，主要得益于电力电子技术、微处理器技术和交流电动机控制技术的发展。

3）永磁电动机

永磁电动机是利用永磁体建立励磁磁场的同步电动机，其定子产生旋转磁场，转子采用永磁材料制成，磁场相互作用使转子转动。永磁同步电动机具有效率高、转矩和功率密度大、功率因数高、可靠性高和便于维护等优点。

4）开关磁阻电动机

开关磁阻电动机的定子和转子铁心均由硅钢片叠压而成，定转子冲片均有一齿槽，构成双凸极结构，依定子和转子片上齿槽的多少，形成不同的极数。开关磁阻电动机的工作原理遵循“磁阻最小原理”——磁通总是沿磁阻最小的路径闭合，因此，由磁场扭曲而产生磁阻性质的电磁转矩。

各种驱动电机的基本性能比较见表 1-1-1 所示。

表 1-1-1　几种电机性能对比

性能及类型	直流电机	异步电机	永磁同步电机	开关磁阻电机
转速范围 /(r/min)	4 000 ~ 6 000	12 000 ~ 20 000	4 000 ~ 10 000	>15 000
功率密度	低	中	高	较高
电动机重量	重	中	轻	轻
电动机体积	大	中	小	小
可靠性	一般	好	优良	好
结构坚固性	差	好	好	好
控制器成本	低	高	高	一般
车型	入门级电动车	高端车型	主流车型	无应用
实例	江淮和悦 iEV	荣威 550Plug-in、特斯拉	晨风、E6、i3、腾势、沃蓝达	

2. 电驱总成功能和组成

驱动电机系统是新能源车三大核心部件之一。电机驱动控制系统是新能源汽车行驶中的主要执行机构，其驱动特性决定了汽车行驶的主要性能指标，它是电动汽车的重要部件。

驱动电机系统的功能，如图 1-1-3 所示。

（1）电机驱动系统把电能转化为机械能（车轮的动能）。

（2）车辆的再生制动。

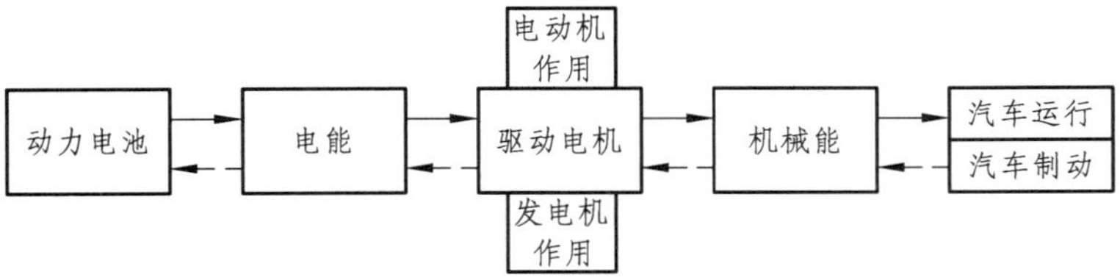

图 1-1-3　驱动电机系统的功能

电机驱动系统主要由电动机、功率转换器、控制器、各种检测传感器以及电源等部分构成。简单来讲，电机驱动系统主要由驱动电机（图 1-1-4）和电机控制器（图 1-1-5）两部分构成。

图 1-1-4　驱动电机

图 1-1-5　电机控制器

其中，驱动电机由壳体、定子、转子、旋转变压器、高压导线等组成。

电机控制器（图 1-1-6）主要是将输入的直流电逆变成电压、频率可调的三相交流电，供给配套的三相交流永磁同步电机使用。

整车控制器根据车辆运行的不同情况，包括车速挡位、电池 SOC 值来决定，电机输出扭矩或功率。当电机控制器从整车控制器处得到扭矩输出命令时，将动力电池提供的直流电能，转化成交流电能，以使电机输出扭矩。

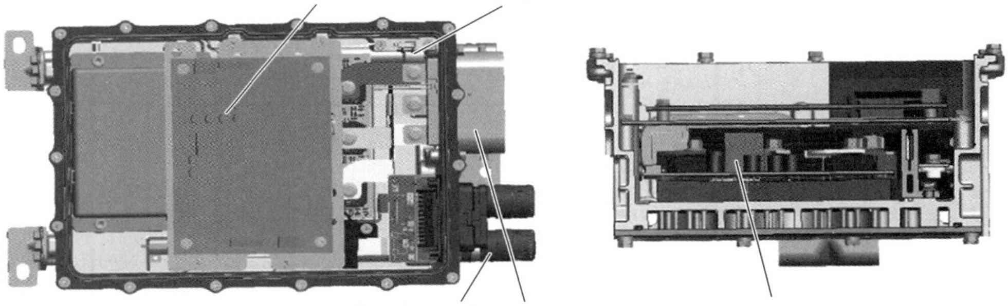

图 1-1-6　电机控制器内部结构示意图

3. 比亚迪 E5 电驱总成

比亚迪 E5 前驱动总成额定功率为 35 kW，峰值功率 70 kW，额定扭矩 70 N·m，峰值扭矩 180 N·m。它分成电机控制器、电机、变速器三部分，如图 1-1-7 所示。

电机为交流永磁同步电机，采用水冷方式，内部结构包括转子、定子、旋变传感器、水温传感器等。电动机驱动汽车前进后退，也可以在滑行、制动过程中将动能转化为电能。

驱动电机内部安装有位置传感器，比亚迪位置传感器采用的是旋转变压器（旋变，见图 1-1-8）。它是一种输出电压随转子转角变化的器件，起着检测转子磁极位置为逆变器提供正确换向信息的重要作用。当励磁绕组以一定频率的交流电压励磁时，输出绕组的电压幅值与转子转角成转余弦函数关系，或保持一定比例关系，或在一定转角范围内与转角呈线性关系。旋转变压器的结构及输出波形如图 1-1-9 所示。

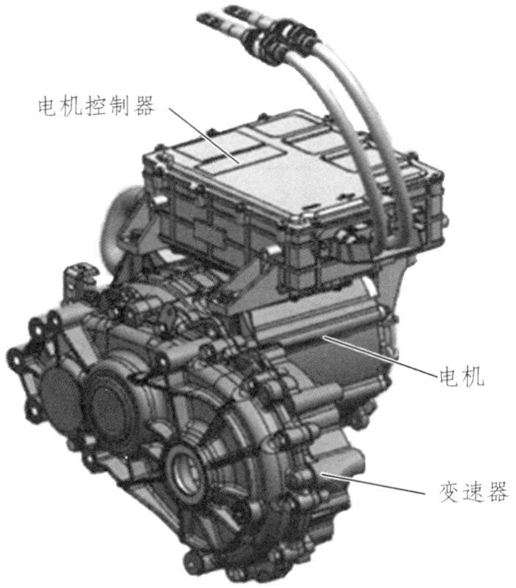

图 1-1-7　比亚迪电驱总成组成

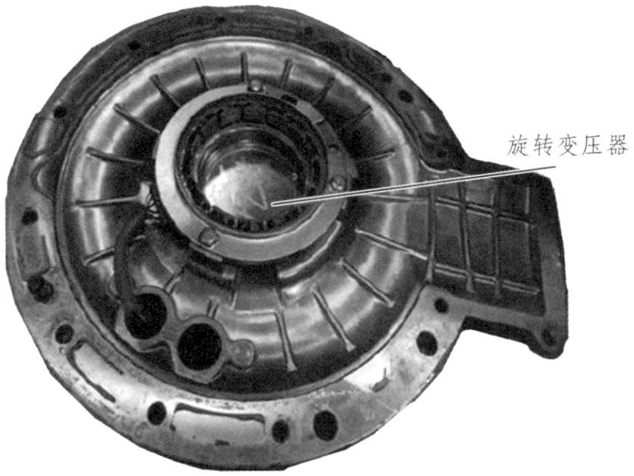

图 1-1-8　比亚迪 E5 旋转变压器

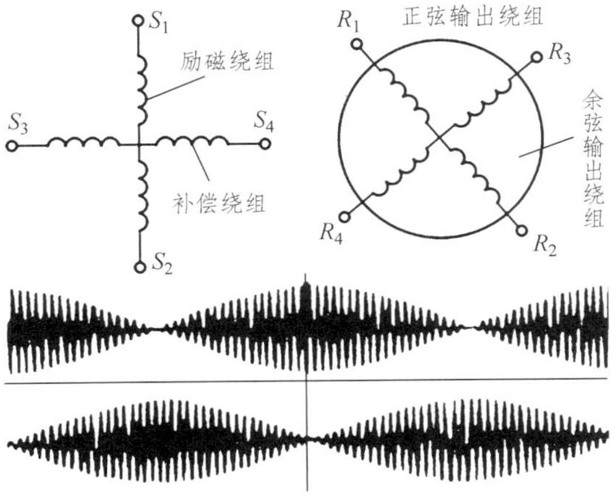

图 1-1-9　旋转变压器结构及输出波形

任务工单

1. 纯电动车辆信息记录

车辆品牌		整车型号		生产日期	
行驶里程					
车辆识别代码		额定功率			
润滑油牌号		润滑油加油量			
驱动电机型号					
驱动电机识别代码					
驱动电机冷却方式					

2. 电驱动总成拆装前检查信息记录表

序号	检查内容		检查注意点	检查结果
1	外观	减速器外观检查	查看减速器壳体是否完好	正常□　异常□
2		电机外观检查	查看电机壳体是否完好	正常□　异常□
3	接口位置	传动轴位置检查	检查传动轴是否装配良好	正常□　异常□
4		悬置位置检查	检查悬置支架是否完好	正常□　异常□
5			检查悬置螺塞是否装配良好	正常□　异常□
6		线束	检查各线束是否装配良好	正常□　异常□
7	泄漏	减速器漏油检查	检查差速器左油封是否漏油	正常□　异常□
8			检查差速器右油封是否漏油	正常□　异常□
9			检查减速器合箱面是否漏油	正常□　异常□
10			检查减速器放油螺塞是否漏油	正常□　异常□
11		电机漏油/漏水检查	检查电机与减速器结合面是否漏油	正常□　异常□
12			检查电机前后端盖配合面是否漏油	正常□　异常□
13			检查电机水接头是否漏水	正常□　异常□

任务评价

1. 自　评

结合本组任务分配情况及操作要求，对任务执行过程中的操作规范性进行检查，检查操作过程中是否存在以下问题，分析讨论应如何避免并总结规范的操作方法和步骤。

检查项目	结果
是否检查绝缘工具的绝缘性能及保质期	是□　　否□
是否按规范做好个人安全防护措施	是□　　否□
是否按规范对车辆进行防护	是□　　否□
是否对车辆的高压部分做好绝缘防护，并妥善保管高压开关和车钥匙，并确认放电后母线电压	是□　　否□
是否正确使用绝缘工具	是□　　否□
举升机是否按规范操作，是否注意人身安全	是□　　否□
是否按要求对电驱动总成拆装前检查	是□　　否□
是否按规范做好零部件收纳工作及保护措施	是□　　否□
是否按步骤对电驱总成进行拆装	是□　　否□
是否按规定扭力拧紧螺栓等紧固件	是□　　否□
车辆、设备和工具是否复位	是□　　否□
工作场地是否清洁	是□　　否□

2. 互　评

组与组之间相互进行任务操作过程及结果检查，并把检查结果记录于下表。

检查项目	结果
是否检查绝缘工具的绝缘性能及保质期	是□　　否□
是否按规范做好个人安全防护措施	是□　　否□
是否按规范对车辆进行防护	是□　　否□
是否对车辆的高压部分做好绝缘防护，并妥善保管高压开关和车钥匙，并确认放电后母线电压	是□　　否□
是否正确使用绝缘工具	是□　　否□
举升机是否按规范操作，是否注意人身安全	是□　　否□
是否按要求对电驱动总成拆装前检查	是□　　否□
是否按规范做好零部件收纳工作及保护措施	是□　　否□

续表

检查项目	结果	
是否按步骤对电驱总成进行拆装	是□	否□
是否按规定扭力拧紧螺栓等紧固件	是□	否□
车辆、设备和工具是否复位	是□	否□
工作场地是否清洁	是□	否□

学习测试

1. 填空题

（1）电动汽车三合一电驱系统技术是指__________。

（2）驱动电机把动力电池提供的电能转换为__________。

2. 判断题

（1）驱动电机与减速器及电机控制器集成在一起。（　　）

（2）驱动电机的冷却方式一般有自然通风、强制通风两种。（　　）

3. 单选题

（1）电驱总成不包括（　　）。

A. 电机控制器　　B. 驱动电机

C. 动力电池　　D. 减速器

（2）纯电动整车拆装时，按顺序，最先做的是（　　）。

A. 放减速器润滑油　　B. 拆卸悬置螺塞

C. 整车断高压　　D. 整车举升

（3）驱动电机电压一般为（　　）。

A. 12 V　　B. 24 V

C. 200 ~ 800 V　　D. 1 000 V

（4）电驱动总成拆解时要注意（　　）。

A. 清洁度　　B. 齿轮磕碰

C. 永磁同步电机转子防护　　D. 以上都是

（5）电驱动总成装回整车时，正常情况下什么零件最好更换掉（　　）。

A. 齿轮　　B. 螺栓

C. 线束　　D. 差速器油封

项目 1 任务 1 资源

任务 2　电机减速机构检测维修

情景引入

小李是一名 4S 店新能源汽车维修技师，客户反映一台电动汽车整车异响，经到店诊断，初步判断为电驱动总成异响，需要拆卸检修。你能协助小李完成这个任务吗？

学习目标

◎ 知识目标

（1）掌握驱动电机减速机构壳体的解体和清洗方法。
（2）掌握齿轮传动机构解体和清洗方法。
（3）掌握驻车电机拆装流程。
（4）掌握驻车棘爪拆装流程。
（5）掌握差速器总成、差速器轴承、差速器壳体拆装和清洗方法。
（6）掌握减速机构油封检查和拆装方法。

◎ 技能目标

（1）能解体、检查、清洗和测量驱动电机减速机构壳体。
（2）能解体、检查、清洗和测量齿轮传动机构。
（3）能拆装和测量驻车电机，确认是否更换。
（4）能拆装和测量驻车棘轮和棘爪，确认是否更换。
（5）能拆装、检查和清洗差速器总成、差速器轴承、差速器壳体。
（6）能检查和更换减速机构油封。

◎ 素质目标

（1）树立正确的学习观、价值观，自觉践行行业道德规范；养成良好的操作习惯，能够按规范要求做好安全防护。
（2）遵规守矩，养成团结协助、各司其职做好检修工作的习惯。
（3）发扬一丝不苟、精益求精的工匠精神。

任务分析

通过实践操作，对电机减速机构做相应的检修工作。

任务实施

1. 实施过程

（1）确认减速器润滑油是否放净，若未放油或未放净，需先将减速器润滑油放净，用扳手拧开放油螺塞（图 1-2-1）后放油，直到流出来的油不成线状。

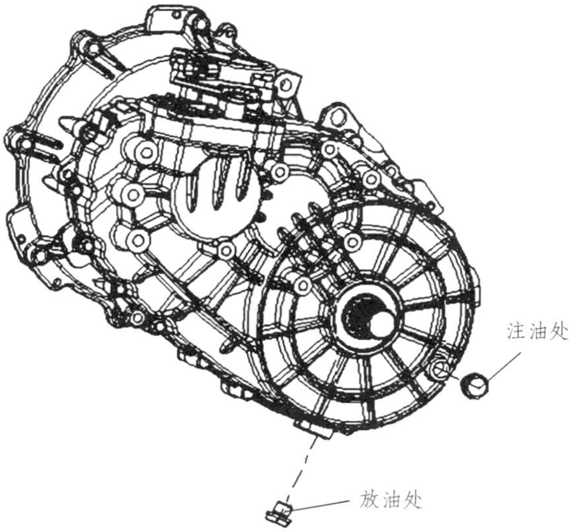

图 1-2-1　放油螺塞位置

（2）拆解驻车电机螺栓（图 1-2-2），将驻车电机取下。注意将拆下的驻车电机放入预先准备好的盒子，不要磕碰驻车电机。

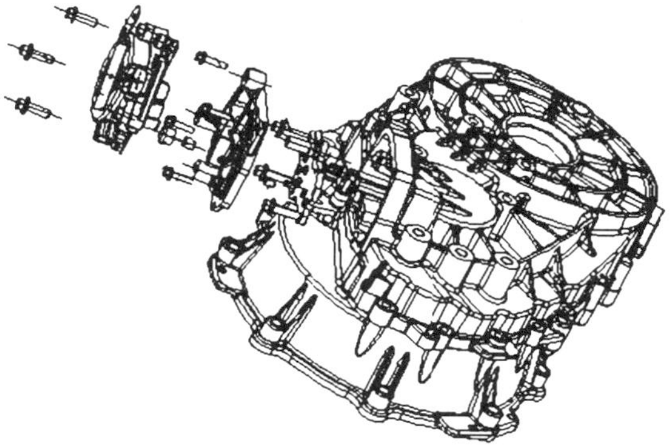

图 1-2-2　拆解驻车电机螺栓

（3）拆卸减速器合箱螺栓（图 1-2-3），将种规格的螺栓放开摆放，避免后面回装时错装。

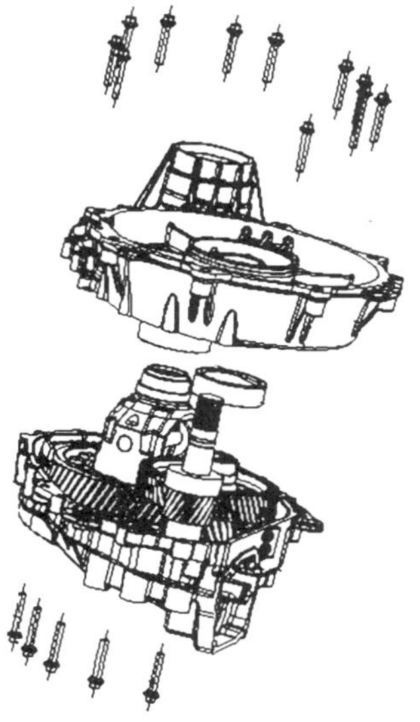

图 1-2-3　拆卸减速器合箱螺栓

（4）减速器开箱，用螺丝刀撬开减速器左右箱体，注意螺丝刀不要接触减速器合箱面（图 1-2-4），避免损伤合箱面，以免后期装配后漏油。

图 1-2-4　减速器内部结构

（5）拆卸驻车棘爪等机构（图 1-2-5）。

图 1-2-5　驻车棘爪等机构

（6）将减速器输入轴组件、中间轴组件、差速器组件拆卸。注意将各轴系（图 1-2-6）拆下后放入预先准备好的干净盛具，不要磕碰齿轮。

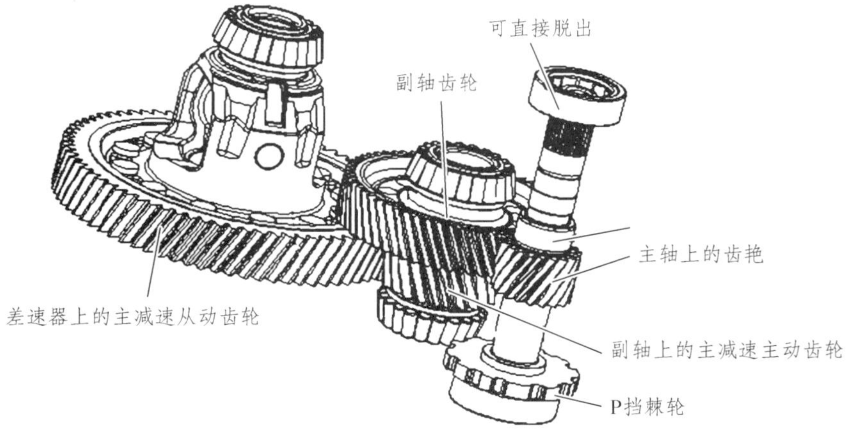

图 1-2-6　减速器轴系

（7）检查左右箱体是否有损坏，轴承孔（图 1-2-7）是否有异常磨损。

图 1-2-7　减速器箱体

（8）检查驻车棘轮棘爪等机构是否有损坏。

（9）检查输入轴齿轮、输入轴轴承（图 1-2-8）是否有损坏。

图 1-2-8　输入轴轴承

（10）检查中间轴齿轮（图 1-2-9）、中间轴轴承是否有损坏。

图 1-2-9　中间轴齿轮

（11）检查差速器齿轮、差速器轴轴承（图 1-2-10）是否有损坏。

图 1-2-10　差速器

2. 注意事项

1）电动总成

（1）单挡变速箱采用浸油润滑方式，润滑油选用 SAE80W-90 齿轮油；当环境温度低于 – 15 °C 时，推荐使用 SAE75W-90 齿轮油。

（2）动力总成在分解修理后，再重新装到车上，变速箱需要加入 1.8 L 润滑油。（或观察油位至注油口位置处，即停止加油）。

（3）电动机和变速箱组装时，必须确保变速器前箱体导向端口和电机端口对正。注意保护变速器前箱体 O 形圈和变速器主轴密封圈。

2）螺栓、螺母

电机端盖和总成合箱壳体上的螺栓或螺母，按对角线松开和拧紧，如果螺栓有裂纹或者损坏，请及时更换。

3）轴　承

（1）安装时要用变速器润滑油润滑所有的轴承。也可以在内外圈与轴、箱体座孔结合的柱面上涂抹润滑脂（也可用黄油）。

（2）安装中，采用规定的工装进行工作。

（3）同样尺寸的轴承外圈与内圈不可以更换。但变速器主轴前轴承内外圈无须考虑调整垫片因素，且产品本身具有良好的加工一致性，在条件紧张时，该轴承例外。

（4）同一轴上的圆锥滚子轴承应同时更换，轴承型号应相同（包括副轴和差速器所用的 4 个轴承型号都应相同。

知识链接

由于工作特性要求，车辆需求动力源在低速时输出大扭矩，高速时输出恒功率。传统内燃机输出特性无法与车辆直接匹配，需要安装一个多挡变速器满足车辆需求。传统变速箱作为协调发动机转速和车辆实际行驶速度的变速装置，用于发挥发动机的最佳性能。具体来说，由于发动机的合理转速区间较窄（一般在 1 000 ~ 4 000 r/min），转速过低则无法输出转矩，而一旦发动机转速过高则会处于一种低效的工作状态，所以在行驶时，燃油车需要通过换挡来调整减速比，从而使转速保持在合理的工作区间。燃油车没有变速箱便无法正常行驶。

对于纯电动汽车而言，由于电机具有与传统内燃机不同的工作特性。它在低速时能够输出大扭矩，高速时能够输出恒功率，因此电机特性能够基本与车辆需求吻合，无须增加多挡变速器而只需增加一个单级减速器或者两挡变速器（图 1-2-11）即可满足使用要求。

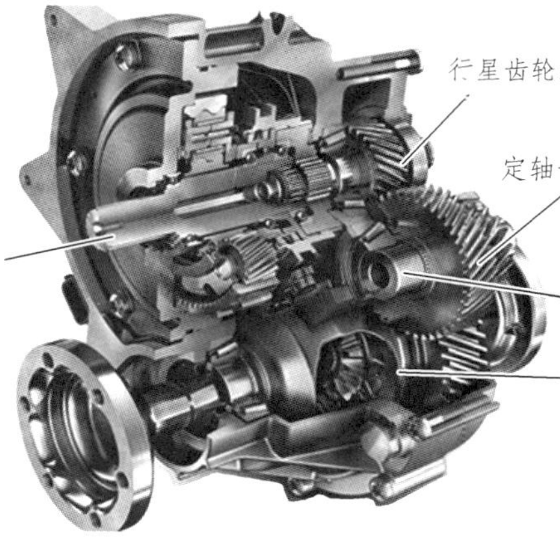

图 1-2-11　舍弗勒两挡减速器

在电动车减速器的研究和应用上，国外起步比国内更快一步。美国特斯拉公司生产的 Model S 采用了 BogWarner 公司生产的 3101 eGearDrive 型减速器，承载峰值转矩 400 N·m 最高输入转速 14 000 r/min，传动效率 97%。

Getrag 公司的产品包括 1eDT130 型减速器，承载峰值的转矩 130 N·m，宽度为 177 mm，速比为 46/21=2.190，77/17=4.529，总速比 9.922;1eDT162 型减速器，承载峰值的转矩 190 N·m，输入轴到差速器尺寸 183 mm;1eDT240 型减速器，承载峰值的转矩 240 N·m，宽度为 372 mm。该公司的产品承载扭矩和尺寸无法满足国内电动车辆需求，在国内的减速器厂家中，株洲齿轮厂是较早开发电动车减速器的厂家，其产品有 1T15 型减速器，承载峰值的转矩 150 N·m，最高输入转速 9 000 r/min，传动比范围 6.917.811，质量 15 kg。重庆青山公司的减速器产品包括：EF116 型减速器承载峰值的转矩 160 N·m，最高输入转速 9 000 r/min，质量 19 kg，外形尺寸 430 mm × 2 103 mm × 2 043 mm，此产品不是专门为电动车开发的，而是在原有手动变速器上锁死挡位而改动而成的；EF130 型减速器承载峰值的转矩 300 N·m，最高输入转速 9 000 r/min，质量 24 kg，外形尺寸 447.6 mm × 365.7 mm × 287.5 mm，EF126 型减速器承载峰值的转矩为 300 N·m，最高输入转速 9 000 r/min，质量 25 kg，外形尺寸为 508.2 mm × 353.9 mm × 202 mm。

鉴于以上情况，市面上的纯电动汽车基本上都是单速变速器，其内部没有换挡机构，没有离合器，没有同步器，没有滚针轴承，如特斯拉、宝马、北汽电动车、启辰晨风、比亚迪、帝豪、腾势等（图 1-2-12 和图 1-2-13）。这种结构的优点是：成本低、结构简单易安装、故障率小、动力损失小、体积小；缺点是当电动汽车的速度到达极限之后没有提升空间，所以电动车的速度受到制约，单一传动比通常无法同时兼顾纯电动汽车的动力性和经济性。当前，在 NEDC 工况下，电驱动的效率在 84%左右，在最高或最低车速以及低负荷条件下，电驱动效率一般会降至 60% ~ 70%以下，严重浪费电能而减少续驶里程；另一方面，在车辆高速行驶时，电机需要维持极高转速，这又会带来噪声、振动与声振粗糙度（NVH）等机械问题。

图 1-2-12　比亚迪单挡减速器

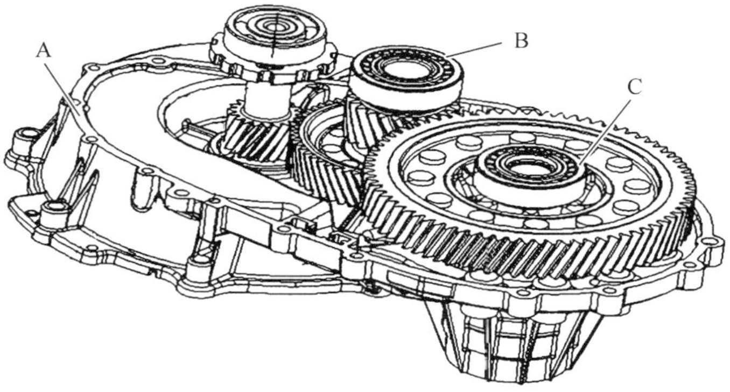

图 1-2-13 比亚迪 E5 减速器内部结构

任务工单

1. 纯电动车辆信息记录

车辆品牌		整车型号		生产日期	
行驶里程					
车辆识别代码			额定功率		
润滑油牌号			润滑油加油量		
驱动电机型号					
驱动电机识别代码					
驱动电机冷却方式					

2. 电机减速机构拆装前检查信息记录表

序号	检查内容		检查注意点	检查结果
1	外观	减速器外观检查	注意查看减速器壳体是否完好	正常□ 异常□
2		电机外观检查	注意查看电机壳体是否完好	正常□ 异常□
3	接口位置	传动轴位置检查	检查传动轴是否装配良好	正常□ 异常□
4		悬置位置检查	检查悬置支架是否完好	正常□ 异常□
5			检查悬置螺塞是否装配良好	正常□ 异常□
6		线束	检查各线束是否装配良好	正常□ 异常□
7	泄漏	减速器漏油检查	检查差速器左油封是否漏油	正常□ 异常□
8			检查差速器右油封是否漏油	正常□ 异常□

续表

序号	检查内容		检查注意点	检查结果
9	泄漏	减速器漏油检查	检查减速器合箱面是否漏油	正常□　异常□
10			检查减速器放油螺塞是否漏油	正常□　异常□
11		电机漏油/漏水检查	检查电机与减速器结合面是否漏油	正常□　异常□
12			检查电机前后端盖配合面是否漏油	正常□　异常□
13			检查电机水接头是否漏水	正常□　异常□

任务评价

1. 自　评

结合本组任务分配情况及操作要求，对任务执行过程中的操作规范性进行检查，检查操作过程中是否存在以下问题，分析讨论应如何避免并总结规范的操作方法和步骤。

检查项目	结果
是否检查绝缘工具的绝缘性能及保质期	是□　否□
是否按规范做好个人安全防护措施	是□　否□
是否按规范对车辆进行防护	是□　否□
是否对车辆的高压部分做好绝缘防护，并妥善保管高压开关和车钥匙，并确认放电后母线电压	是□　否□
是否正确使用绝缘工具	是□　否□
举升机是否按规范操作，是否注意人身安全	是□　否□
是否按要求对电机减速机构拆装前检查	是□　否□
是否按规范做好零部件收纳工作	是□　否□
是否对零部件做好保护措施	是□　否□
是否按流程对电机减速机构进行拆装	是□　否□
是否按要求对部分零部件进行清洗	是□　否□
车辆、设备和工具是否复位	是□　否□
工作场地是否清洁	是□　否□

2. 互　评

组与组之间相互进行任务操作过程及结果检查，并把检查结果记录于下表。

检查项目	结果	
是否检查绝缘工具的绝缘性能及保质期	是□	否□
是否按规范做好个人安全防护措施	是□	否□
是否按规范对车辆进行防护	是□	否□
是否对车辆的高压部分做好绝缘防护，并妥善保管高压开关和车钥匙，并确认放电后母线电压	是□	否□
是否正确使用绝缘工具	是□	否□
举升机是否按规范操作，是否注意人身安全	是□	否□
是否按要求对电机减速机构拆装前检查	是□	否□
是否按规范做好零部件收纳工作	是□	否□
是否对零部件做好保护措施	是□	否□
是否按流程对电机减速机构进行拆装	是□	否□
是否按要求对部分零部件进行清洗	是□	否□
车辆、设备和工具是否复位	是□	否□
工作场地是否清洁	是□	否□

学习测试

1. 单选题

（1）纯电动整车减速器一般采用（　　）级减速器机构。

A. 1 级　　B. 2 级

C. 3 级　　D. 4 级

（2）纯电动整车减速器倒挡靠（　　）实现。

A. 减速器倒挡　　B. 减速器换挡

C. 动力中断　　D. 电机反转

（3）减速器内部不含（　　）。

A. 同步器　　B. 输入轴

C. 差速器总成　　D. 中间轴

（4）合箱螺栓拧紧顺序为（　　）。

A. 随意拧紧　　B. 沿顺时针拧紧

C. 对角拧紧　　B. 沿逆时针拧紧

（5）加注减速器润滑油时，车辆应停放在（　　）路面上。

A. 上坡　　B. 下坡

C. 水平　　D. 都可以

（6）纯电动汽车减速器内部有（　　）前进挡和一个驻车挡。

A. 一个　　B. 二个

C. 三个　　B. 四个

2. 判断题

（1）检查减速器油封应无损坏，各部位无漏油和渗油的迹象。（　　）

（2）检查减速器与电机匹配端面清洁无杂物，无明显损坏、瑕疵。（　　）

（3）驱动电机介于减速器和驱动半轴之间。（　　）

（4）差速器有降低转速增大扭矩作用。（　　）

（5）在进行部件检查或维修前一定要断开维修开关。（　　）

3. 简答题

（1）请简述减速器的功能。

（2）请简述减速器的内部组成。

项目 1 任务 2 资源

任务 3 电机冷却系统部件检测维修

情景引入

客户反映仪表显示电机与控制器温度过高，同时还显示冷却液温度过高，如果需要作为新能源汽车维修技师的你向他介绍电机冷却系统是如何工作的，并排除故障，你能完成这个任务吗？

学习目标

◎ 知识目标

（1）能够描述电机及控制器热量来源及对整车的影响。

（2）能够描述以及分辨 3 种冷却方式。

（3）能够描述水冷冷却系统的结构组成。

◎ 技能目标

（1）能够独自进行冷却液排放及加注。

（2）能够独自完成散热器及风扇的拆装。

（3）能够独自完成电动水泵的拆装。

◎ 素质目标

（1）树立正确的学习观、价值观，自觉践行行业道德规范；养成良好的操作习惯，能够按规范要求做好安全防护。

（2）遵规守矩，养成团结协助、各司其职做好检修工作的习惯。

（3）发扬一丝不苟、精益求精的工匠精神。

任务分析

电机与控制器以及冷却液温度同时显示过高，通常是冷却系统出了问题，应根据冷却系统的分类及其组成，逐步检修。

任务实施

1. 实施准备

（1）防护装备：常规实训着装。

（2）车辆、台架、总成：有水冷冷却系统的新能源汽车。

（3）专用工具、设备：无。

（4）手工工具：常用拆装工具套装。

（5）辅助材料：冷却液、高压电维修警示牌、绝缘地胶、二氧化碳型灭火器、清洁剂。

（6）注意事项：以下维修作业在涉及高压系统时，原则上不能带电操作，如确需带电检查高压系统，一定要穿戴好个人防护用具，按规范进行检查。

2. 实施步骤

1）外部直观检查

（1）静态直观检查是指在未通电的情况下检查冷却系统外部是否有破损、漏液，接头有否脱落、松动等现象，并予以排除，如图 1-3-1 所示。

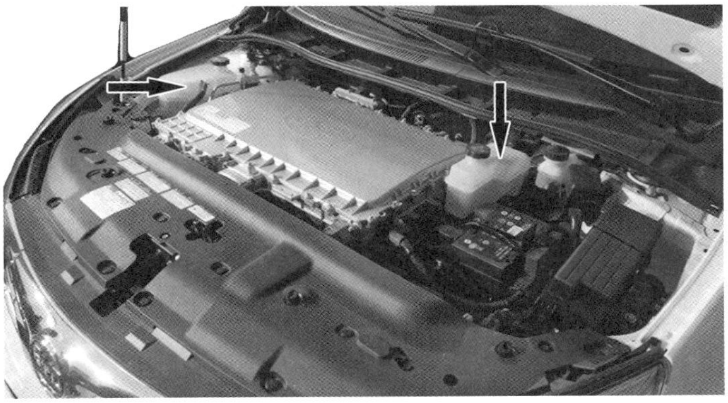

图 1-3-1　静态检查

（2）动态直观检查是指在通电的情况下，用手触摸管路，观察是否发热，水泵是否有工作迹象，进行初步故障判断，如图 1-3-2 所示。

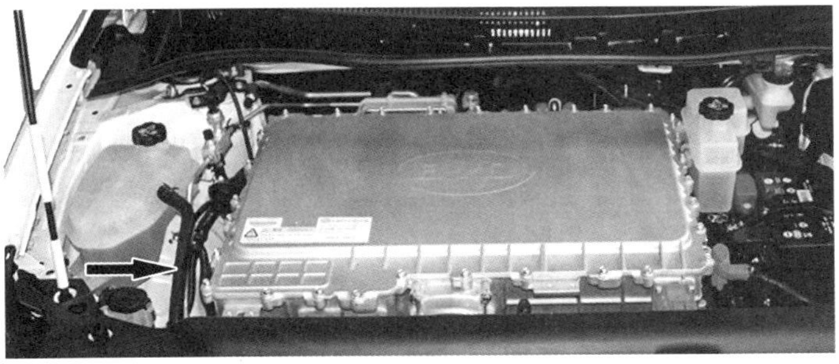

图 1-3-2　动态检查

2）利用诊断仪进行故障诊断

（1）打开诊断仪工具箱。

（2）取出诊断仪连接线。

（3）取出诊断仪器。

（4）连接诊断仪上的诊断接头。

（5）连接仪器诊断接头到车辆的故障诊断座。

（6）启动车辆。

（7）开启仪器电源，根据仪器屏幕提示操作，如图 1-3-3 所示。

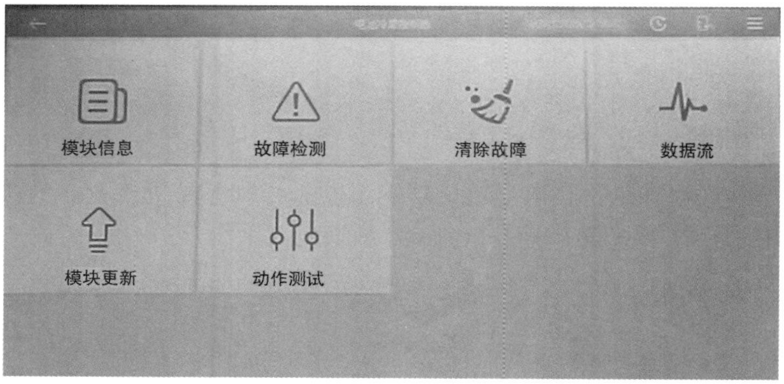

图 1-3-3　故障诊断

警告：在接通汽车后诊断仪屏幕会亮起，若程序未运行或出现乱码，可拔下仪器的数据线重新连接一次，即可继续操作。使用时，请确保测试接头和诊断仪器接触良好，以保证信号传输不会中断。

3）用万用表进行元件和线路诊断

（1）断开水泵连接器（图 1-3-4 中箭头所指位置），上电，测量线束端输入电压，两线间应有低压蓄电池电压。

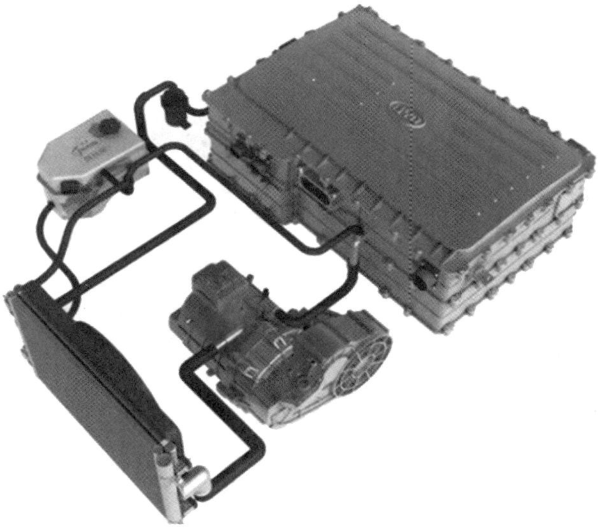

图 1-3-4　冷却水泵位置

（2）测量元件端两针脚间阻值，如图 1-3-5 所示，正常应为 10 Ω左右。

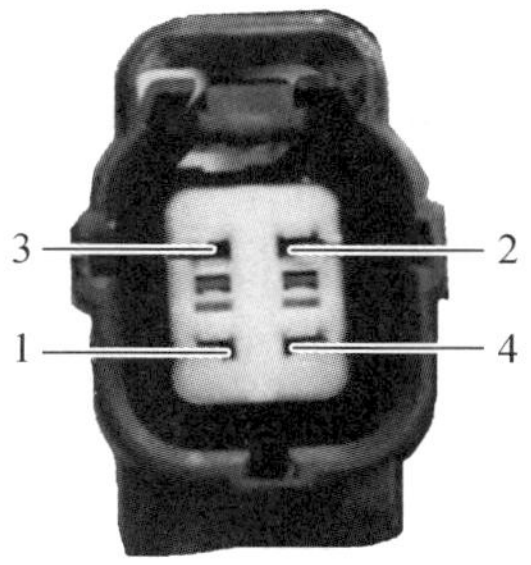

图 1-3-5　针脚

（3）断开电子风扇连接器，测量线束端控制线至风扇继电器之间的阻值，两端电阻应小于 10 Ω。

（4）测量元件端两针脚阻值应为 0.7 Ω左右。

4）散热器的测试

（1）电机冷却以后，小心地拆下电机散热器盖，给散热器注入冷却液，直至注入口顶端。

（2）使用一个小的配合件，将压力测试仪装在散热器上。

（3）施加 100 ~ 120 kPa 的压力。

（4）检查冷却液是否泄漏及压力是否下降，如有则及时排除。

5）冷却液的更换

（1）运行水泵约 5 min，然后断电，重复 2 ~ 3 次。用手触摸，确认电机和副水箱等已冷却，拆除副水箱盖。

（2）沿逆时针方向慢慢转动副水箱盖，将冷却系统中的残余压力全部释放后取下副水箱盖，如图 1-3-6 所示。

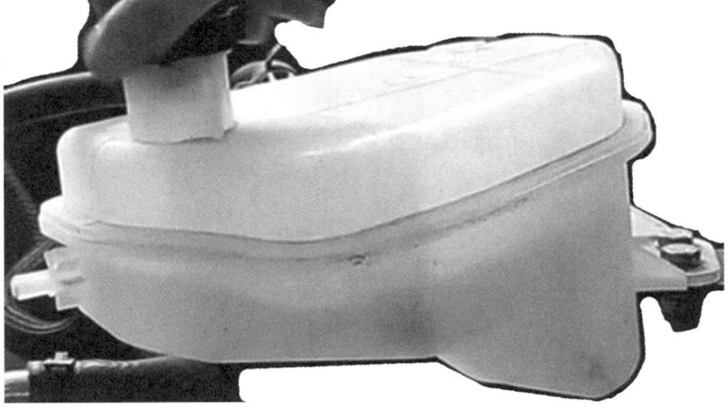

图 1-3-6　副水箱盖

（3）拧松放水阀，排尽冷却液，排净后，旋紧放水阀，如图 1-3-7 所示。

图 1-3-7 放水阀位置

（4）将冷却液倒入副水箱，直至达到注入口颈部底端为止。

（5）盖上副水箱盖并拧紧，上电让水泵运转 5 min，然后断电。

（6）待电机和副水箱都已冷却，取下副水箱盖，再将冷却液加至注入口颈部的底端。

（7）盖上副水箱盖并拧紧，上电让水泵运转约 5 min，然后断电。

（8）待电机和散热器等已冷却，将冷却液加至副水箱上限。

（9）重复步骤（6）~（8），直至不需要添加冷却液为止。

（10）盖上副水箱盖。

6）散热器和风扇的更换

（1）排放冷却液系统里的冷却液后，拆除散热器上的软管与散热器固定螺栓。

（2）断开电子风扇开关插接器。

（3）拆除上悬置支架及水箱上横梁，拉起散热器。

（4）拆除散热器上的电子风扇总成及其他部件。

（5）安装新散热器，确认安装就位且牢固。

（6）注入冷却液，排放冷却液中的空气。

7）电动水泵的拆装与更换

（1）拧开散热器放水阀排空冷却液。

（2）断开水泵接插件并拆下进出水软管。

（3）拆下紧固水泵的螺栓。

（4）检查清洁水泵及清除溢出的冷却液。

（5）安装新水泵。

（6）连接水泵进出水软管及水泵接插件，拧紧散热器放水阀。

（7）注入冷却液，排放冷却液中的空气。

知识链接

1. 电机冷却系统的作用

电动汽车冷却系统（图 1-3-8）的作用是对易产生热量而过热的电机控制器及电机进行冷却降温，以确保它们在适宜的温度范围内工作。

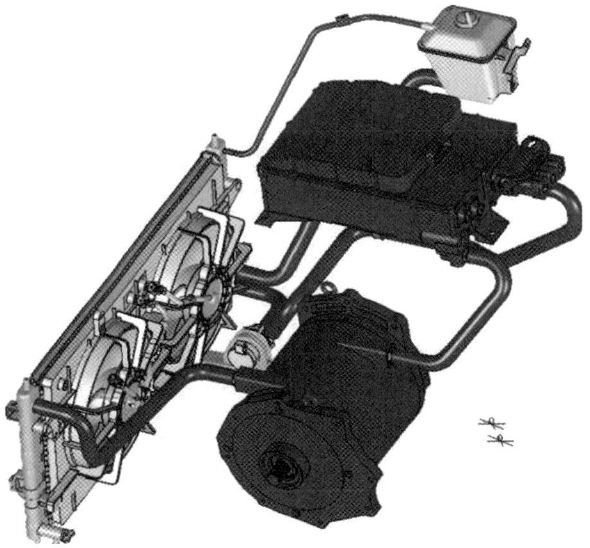

图 1-3-8　冷却系统

电机控制器是将蓄电池等能量储存系统的电能转换为驱动电机的电能，并输出给电机。它产生热量的主要元器件是输出极的功率栅形双极场效应管 MOSFET 器件。而这里的损耗主要涉及晶体管工作时的导通损耗、关断损耗、通态损耗和驱动损耗，这些功率损耗最终会转换成热能，致使电机控制器发热。其中，功率损耗主要源自通态损耗和关断损耗。

电机内部由铁心和绕组线圈（图 1-3-9）组成，电机通电运行过程中会有不同的发热现象。绕组有电阻，通电会产生损耗，损耗大小与电阻和电流的平方成正比——铜损。除直流电机外，电动汽车电机控制器输出的电流多为方波，但不是标准的方波，则会产生谐波损耗。铁心有磁滞涡流效应，在交变磁场中会产生损耗，其大小与材料、电流、频率、电压有关——铁损。铜损和铁损最终以发热的形式表现出来，对电机的物理、电气和组成部件都有严重的影响，从而影响电机的效率。且电机的绝缘能力也有温度的限制，超过极限后可能失去绝缘能力。

图 1-3-9　电机定子铁心及绕组

2. 电机冷却系统的分类

目前电机控制系统主要有自然冷却、风冷和水冷三种形式。

自然冷却是指不采用特别的散热措施，让发热部件通过自身表面与环境空气的作用，或通过相邻部件热传导，将热量传送出去，以达到散热的目的，如图 1-3-10 所示。

图 1-3-10　自然冷却

风冷就是通过空气流过发热部件表面或特别设计的风道（图 1-3-11）带走发热部件内部所产生的热量，其热量流动如图 1-3-12 所示。

图 1-3-11　风冷式

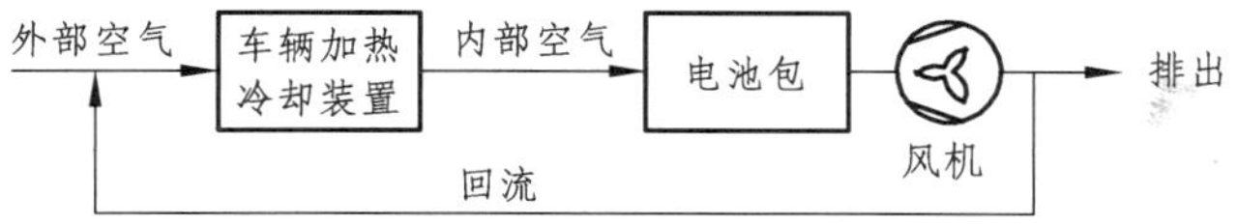

图 1-3-12　风冷式冷却系统热量流动

多数电动汽车采用液体循环散热，主要是依靠冷却水泵运转带动冷却液循环流动，带走电动机与控制器的热量，通过散热器和冷却风扇与环境进行热交换（图 1-3-13）。保证电驱动系统在正常温度范围内准确工作。正确使用冷却液，可起到防腐蚀、冷却防水垢和防冻结等作用，能使冷却系统始终处于最佳的工作状态。冷却系统的日常检查包括冷却液液面的检查和冷却液添加。驾驶员可以根据冷却液液位的检查判断冷却系统是否存在泄漏等故障，为行车安全提供保障。

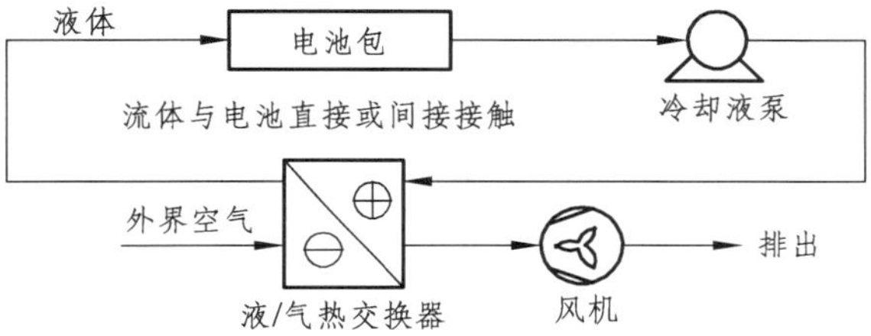

图 1-3-13　水冷式冷却系统结构示意图

为了提高散热能力，新的技术中不使用散热润滑剂，而是采用将功率半导体元器件直接安装在冷却器上的直接冷却构造和双面冷却方式。直接冷却构造中，线性膨胀系数较高的冷却器的热应力直接作用于绝缘电路板，因此，如何确保热收缩的长期可靠性是一项重要技术。

3. 电机冷却系统结构组成

电机冷却系统主要由水泵、散热器、电子风扇、副水箱及需要冷却的电机控制器及电机水道等组成，如图 1-3-14 所示。

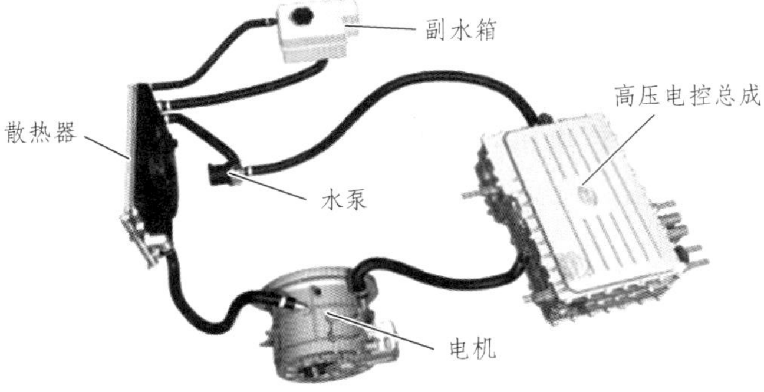

图 1-3-14　冷却系统的组成

4. 电机冷却系统的工作原理

EV 电动汽车和 HEV（混动汽车）电机冷却系统中，一般采用独立于发动机冷却系统的冷却系统来冷却带转换器的逆变器总成和驱动电机。冷却液温度降至低于 65 °C 以冷却混合动力零部件，特别是逆变器。通过在车辆上装备 HV 散热器、带电动机的 HV 水泵和仅用于混合动力系统的 HV 散热器储液罐，可冷却逆变器、增压转换器、DC/DC 转换器和 MG1。通过在发动机散热器前部安装 HV 散热器并利用相同的冷却风扇系统，可使混合动力系统的冷却系统结构紧凑。

冷却液循环路线一般为：水泵→散热器下部→电机控制器→电机冷却水道→散热器（图 1-3-15）。丰田普锐斯的冷却液按下列顺序循环：HV 散热器→带转换器的逆变器总成→HV 散热器储液罐→带电动机的 HV 水泵→混合动力传动桥 MG1。若散热器或电机控制器出水口处的冷却液温度过高时，部分高温水气会进入副水箱，同时副水箱底部冷的冷却液会进入管路中进行补充。为了能使散热器热量散发得更加充分，一般需要在散热器后面加装电驱动的散热风扇提高空气流动速度增加散热。

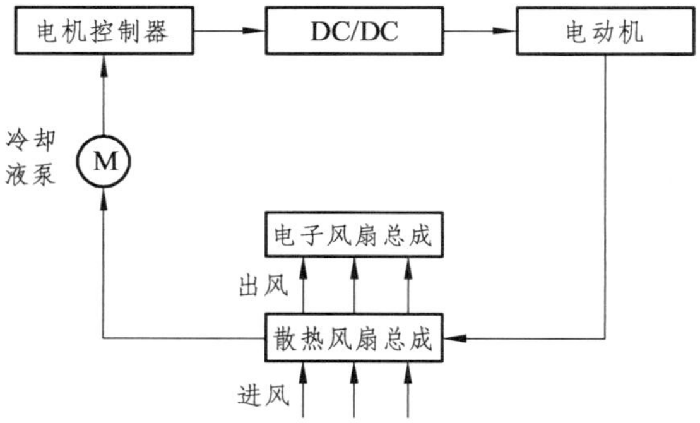

图 1-3-15　冷却系统工作原理

组合仪表会实时显示冷却液的温度。冷却系统的温度是由冷却液温度传感器来测量的。当电动汽车启动时，冷却水泵开始工作。冷却液经过软管流入散热器内，该传感器向控制器发送信号，根据需要控制冷却风扇的转速。冷却液温度信号由控制器经过 CAN 总线传送冷却液温度信号到组合仪表。如果冷却液温度变得过高，则组合仪表上的警示灯和消息将提醒驾驶员。

电机冷却系统的控制方式有三种：① 水泵控制——启动车辆时电动水泵开始工作，仪表显示“READY”。② 电机温度控制——当控制器监测到驱动电机温度为 45 ~ 50 °C 时冷却风扇低速启动；温度高于 50 °C 时，冷却风扇高速起动；温度降至 40 °C 冷却风扇停止工作；120 ~ 140 °C，降功率运行；温度高于 140 °C 降功率至 0 停机。③ 电机控制器温度控制——当控制器监测到散热基板温度大于 75 °C 时，冷却风扇低速启动；大于 80 °C 时，冷却风扇高速起动；温度降至 75 °C 时停止工作；温度大于 85 °C 时，超温保护停机。当控制器监测到散热基板板温为 75 ~ 85 °C 时，降功率运行。

5. 主要部件简介

1）散热器

以比亚迪 E5 为例，它的散热器属于横流式散热器，主要由左储水室、右储水室、散热器片、散热器芯、进水管接口、出水管接口、放水螺栓以及溢流管接口等部件组成。散热器各散热片之间留有空隙，空气从散热片的空隙中通过，冷却液在散热器芯内流动，冷却空气将冷却液中的热量带走，散热器实质上是一个热交换器。随着与空气接触面积增大，散热效果得到不同程度的增强。

2）副水箱

副水箱也称膨胀水箱，由溢流管接口、膨胀水箱、壳体、补偿管接口组成，如图 1-3-16 所示。膨胀水箱一般选用白色或者淡黄色等浅色系，并且在其外部压制“MAX”和“MIN”刻度标示，便于观察冷却液液位。汽车膨胀水箱主要的作用就是冷却液温度升高，冷却液体积发生膨胀，散热器里膨胀的冷却液会回流到膨胀水箱，防止散热器压力过高；相反当散热器里的冷却液不足时则补充散热器水位。车辆水温过高时，产生的蒸汽在散热器中流动通过导管进入膨胀水箱，从而使汽水彻底分离。膨胀水箱内的冷却液温度一般比较低，可以让气体得到一定程度的冷却，然后再重新进入水泵继续使用，让相应的气体产生其缓存的作用，从而使得冷却系统的压力保持标准的状态。

图 1-3-16　膨胀水箱

3）水　泵

水泵是整个冷却系统唯一的动力元件，负责为冷却液的循环提供机械能。电动水泵的功能主要是对冷却液进行加压，保证其在冷却系统中能够不间断地循环流动。电动水泵主要由电机壳体、碳刷架、碳刷、转子、永久磁铁、水泵底盖、叶轮、外壳组成。通常安装于驱动电机前方。与传统汽车不同的是，电动汽车的水泵由电机驱动。

如图 1-3-17 所示是新能源汽车上采用的 PCE 冷却水泵。它采用无刷电机技术，可实现三个功率范围（40 W/60 W/70 W）的转换，以满足不同的冷却回路的要求。

图 1-3-17　PCE 冷却水泵

PCE 采用了无刷技术并且优化了内部液压部分的设计，效率提高了 39%。由于设计紧凑，质量减轻（最大 620 g），CO_2 的排放显著降低。PCE 通过 PWM 或 LIN 的接口来实现速度控制和诊断功能，它带有内部诊断功能，不同的失效模式（如温度过高、堵转等）会报告给控制单元。如果故障持续超过预定期间，水泵默认为“紧急模式”，降低功率，以确保导入功能（如电力电子元件的冷却）。无刷驱动和可靠的设计确保了水泵的高耐久性，这对插电式混合动力车和电动车是必需的。

PCE 冷却水泵的优点：

（1）通过提高效率，可控制的速度和减小重量降低了碳排放。

（2）较低噪声水平。

（3）覆盖广泛的液压范围。

（4）具备不同失效反馈的自诊断功能。

（5）高功率密度。

（6）高耐久性。

（7）技术领先：PCE 冷却水泵是离心式水泵。泵体内的定子和电子元件与转子相分离。通电时，电子元件通过定子绕组产生可变的磁场，驱动转子（叶轮），从而实现液体流动。两个密封环保护电机免受潮湿。电子系统由压铸盖冷却。可根据客户要求调节水泵电子信号和流量。

4）电动风扇

电动风扇组件主要是由冷却风扇、导热罩和电动机等部件组成，置于散热器后。当风扇旋转时吸进空气使其通过散热器，以增强散热器的散热能力，加速冷却液的冷却，保证电动汽车主要发热部件始终能在最适宜的温度下正常工作。

6. 电机冷却系统故障原因及解决方案

冷却系统的维修有冷却液加注、电动水泵更换、散热器更换、软管更换等，具体见表 1-3-1。

表 1-3-1 冷却系统常见故障及解决方案

	故障部位	故障原因	解决方案
故障现象	冷却液泄漏	缺少冷却液，未按维护手册添加冷却液	溢水罐处添加冷却液
		环箍破坏，水管接口处冷却液泄漏	更换全新环箍，留存故障件
		水管破损，水管本身冷却液泄漏	更换全新水管，留存故障件
		散热器芯体破坏，芯体处渗漏冷却液	更换散热器芯体，留存故障件
		散热器水室开裂，水室外侧泄漏冷却液	更换散热器芯体
		散热器水室与散热器芯体压装不良，接缝处渗漏冷却液	
		散热器防水堵塞丢失，放水孔渗漏冷却液	更换散热器防水堵塞
	电动水泵	冷却液杂质，导致电动水泵堵转	更换系统冷却液
		电动水泵破损，泵盖、密封圈、泵轮破坏	更换电动水泵，留存故障件
		水泵控制器熔断丝、继电器熔断插接件针脚退针	
		整车线束故障，虚接、短路、断路等故障	查找线束故障，依据线束维修手册处理
	散热器风扇	风扇控制器、继电器插接件针脚退针	更换散热器风扇，留存故障件
		整车线束故障，虚接、短路、断路等故障	查找线束故障，依据线束维修手册处理
		扇叶破损、断裂，扇叶不工作	更换扇叶，留存故障件
		电机控制器温度传感器故障，风扇不工作	查找电机/控制器故障，依据相应维修手册处理
	散热器	芯体老化，芯管堵塞	更换散热器
		散热带倒状，影响进风量	
		水室堵塞，影响冷却液循环	
	前保险杠中网或下格栅	进风口堵塞	查找进风口故障，依据相应维修手册处理

任务工单

纯电动车辆信息记录

品牌		整车型号		生产日期	
行驶里程					
驱动电机型号			额定功率		
动力电池额定电压			额定容量		
车辆识别代码					

检查部位	检查情况记录	原因分析	解决方案
水泵			
冷却水管及接头			
散热器			
风扇			

任务评价

1. 自　评

结合本组任务分配情况及操作要求，对任务执行过程中的操作规范性进行检查，检查操作过程中是否存在以下问题，分析讨论应如何避免并总结规范的操作方法和步骤。

检查项目	结果	
绝缘工具是否检查其绝缘性能及保质期	是□	否□
是否按规范做好个人安全防护措施	是□	否□
是否按规范对车辆进行防护	是□	否□
是否对车辆的高压部分做好绝缘防护，并妥善保管高压开关和车钥匙，并确认放电后母线电压	是□	否□
举升机是否按规范操作，是否注意人身安全	是□	否□
冷却系统检测项目是否有漏项	是□	否□
冷却系统故障是否排除	是□	否□
车辆、设备和工具是否复位	是□	否□
工作场地是否清洁	是□	否□

2. 互　评

组与组之间相互进行任务操作过程及结果检查，并把检查结果记录于下表。

检查项目	结果	
绝缘工具是否检查其绝缘性能及保质期	是□	否□
是否按规范做好个人安全防护措施	是□	否□
是否按规范对车辆进行防护	是□	否□
是否对车辆的高压部分做好绝缘防护，并妥善保管高压开关和车钥匙，并确认放电后母线电压	是□	否□
举升机是否按规范操作，是否注意人身安全	是□	否□
冷却系统检测项目是否有漏项	是□	否□
冷却系统故障是否排除	是□	否□
车辆、设备和工具是否复位	是□	否□
工作场地是否清洁	是□	否□

学习测试

1. 填空题

（1）电动水泵的主要功能是_________，保证其在冷却系统中不间断的循环流动。

（2）水泵是冷却系统的_________，负责为冷却液的循环提供_________。

（3）比亚迪 E5 汽车的电驱冷却系统包括____________________________。

（4）电动汽车的封闭式水循环通道一般采用_________与内部水道相连接的形式。

（5）小型轿车一般装有_______个散热风扇。

（6）散热风扇一般装在_____________总成后方。

（7）散热风扇采用控制，转速受温度控制，一般有__________转速。

（8）散热风扇工作时把迎面风________散热器，帮助散热器__________。如果反转会影响散热器散热，造成_____________。

（9）冷却风扇是由_______控制的，其转速的主要依据是_______和_______的温度。散热器实质上是一个________ 。

（10）电驱动冷却系统主要分为和______、______、______三种。

（11）冷却液又称_______ ，是由防冻添加剂及防止金属产生锈蚀的添加剂和水组成的液体。它需要具有________和不变质的性能。

（12）“MAX”为冷却液_______标记，“MIN”为冷却液_______标记。

2. 判断题

（1）纯电动汽车冷却系统的功能是将电机、电机控制器及车载充电器产生的热量及时散发出去，保证其在要求的温度范围内稳定高效地工作。（　　）

（2）纯电动汽车的关键零部件电机、电机控制器在工作过程中会产生大量的热量，这些产生的热量如果不能及时地散发出去，将导致车辆限扭运行甚至损坏零件。因此驱动电机、控制器需要有冷却装置。（　　）

（3）电动汽车在驱动与回收能量的工作过程中，驱动电机定子铁心、定子绕组在运动过程中都会产生损耗，这些损耗以热量的形式向外发散，需要有效的冷却介质及冷却方式来带走热量，保证电机在一个稳定的冷热循环平衡的通风系统中安全可靠运行。（　　）

（4）驱动电机的冷却方式只有风冷和水冷两种。（　　）

（5）在无热量散发到环境中，水冷的冷却效果比风冷更显著。但是，需要良好的机械密封装置，水循环系统结构复杂，存在渗漏隐患，维护成本高。（　　）

3. 选择题

（1）（多选）下列有关大多数混合动力汽车或纯电动汽车驱动电机控制器自检的说法，正确的是（　　）。

A. 控制器供电和程序自检　　B. IGBT 性能自检

C. 电机温度检测　　D. 驱动电机位置传感器的自检

（2）（单选）测量电机控制器高压线线缆正极线束电流需要用到的仪表是（　　）。

A. 电流表　　B. 万用表

C. 电流钳　　D. 解码仪

（3）（单选）对比亚迪 E6 VTOG 高压电源电路进行检测，读取 VTOG 数据流，看电池高压是否供给 VTOG 控制器。说法有误的是（　　）。

A. 动力电机母线电压为 0 ~ 199 V，可能故障时电池包，电压过低

B. 动力电机母线电压为 200 ~ 400 V，无故障

C. 动力电机母线电压大于 400 V，可能为电池包故障，电池过高

D. 动力电机母线电压小于 20 V，故障为高压弱

项目 1 任务 3 资源

任务4 电机控制系统部件检测维修

情景引入

客户反映他的新能源汽车加速无力，仪表盘上的功率表毫无反应。作为一名新能源汽车维修技师，你能帮他解决这个问题吗？

学习目标

◎ 知识目标

（1）能描述电机控制系统的组成和作用。

（2）了解各常用电机驱动控制方式。

（3）能描述旋变传感器的原理。

◎ 技能目标

（1）能使用仪器读取和清除故障码，读取数据流。

（2）能检测旋变传感器。

（3）能检测和更换加速踏板传感器。

◎ 素质目标

（1）树立正确的学习观、价值观，自觉践行行业道德规范；养成良好的操作习惯，能够按规范要求做好安全防护。

（2）遵规守矩，养成团结协助、各司其职做好检修工作的习惯。

（3）发扬一丝不苟、精益求精的工匠精神。

任务分析

新能源汽车加速无力，其原因可能是驱动电机、电机控制器或控制系统故障。若排除驱动电机或电机控制器本身故障，可检测控制系统其他部件，如旋变传感器或加速踏板传感器。

任务实施

1. 实施准备

（1）防护装备：铺设安全防护设备，穿戴高压护具。

（2）车辆、台架、总成：新能源汽车。

（3）专用工具、设备：X431、万用表。

（4）手工工具：常用拆装工具套装。

（5）辅助材料：高压电维修警示牌、绝缘地胶、二氧化碳类型灭火器、清洁剂。

（6）注意事项：维修作业在涉及高压系统时，原则上不能带电操作，如确需带电检查高压系统，一定要穿戴好个人防护用具，按规范进行检查。

2. 实施步骤

1）读取故障码

读取车辆故障码，并根据故障码进行故障分析。

（1）打开诊断仪工具箱。

（2）取出诊断仪连接线。

（3）取出诊断仪器。

（4）连接诊断仪上的诊断接头。

（5）连接仪器诊断接头到车辆的故障诊断座。

（6）启动车辆。

（7）开启仪器电源，根据仪器屏幕提示操作。

① 选择车型诊断：比亚迪汽车。

② 选择适合的车型：比亚迪 E6。

③ 进入 E6 动力网系统。

④ 进入 VIOG 控制器。

⑤ 读取数据流，进行以下操作，观察数据流的变化。

a. 踩下制动踏板。

b. 踩下油门踏板。

c. 挂入倒车挡。

d. 踩下油门踏板。

e. 踩下制动踏板，挂入空挡。

⑥ 返回诊断仪主菜单，关闭仪器。

2）比亚迪 E5 旋变传感器检测

（1）用万用表电阻挡分别检查励磁绕组、正弦绕组、余弦绕组的阻值是否正常。正弦阻值：（16 ± 1）Ω；余弦阻值：（16 ± 1）Ω；励磁阻值：（8 ± 1）Ω。检查位置如图 1-4-1 所示。

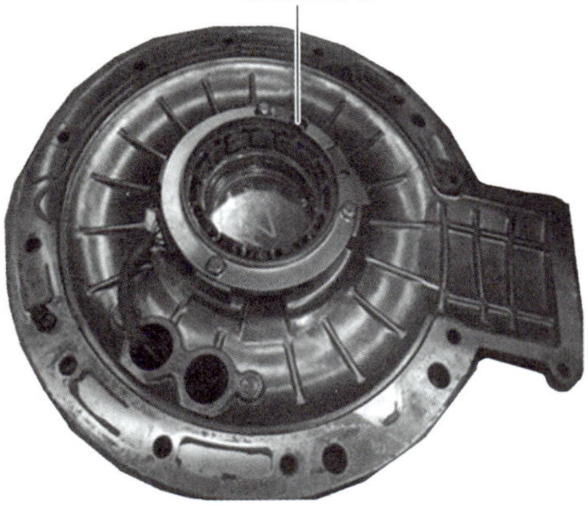

图 1-4-1 旋变传感器及其接线端子

（2）旋变传感器检测数据：电机 A、B、C 三相两两之间的阻值小于 1 Ω，并且 A、B、C 三相分别与电机壳体绝缘。

3）旋变传感器的拆装

（1）旋变传感器安装在电机端盖上，要拆下它需先拆卸电机端盖。

① 用扳手将法兰面螺栓拧下。

② 用专用工具将端盖从壳体上取下来。由于之前装端盖时在接合面处涂抹了密封胶，在端盖拆下后要对电机内部进行清洁，不得让异物掉入电机内部。

注意：拆卸端盖时，螺栓取下后要用专用的台架将轴的花键端顶起（转子与端盖是一体的）。

（2）用扳手将螺栓拧下，如图 1-4-2 所示；将定子引出线从旋变接插件中拔出后取出旋变定子②如图 1-4-3 所示。

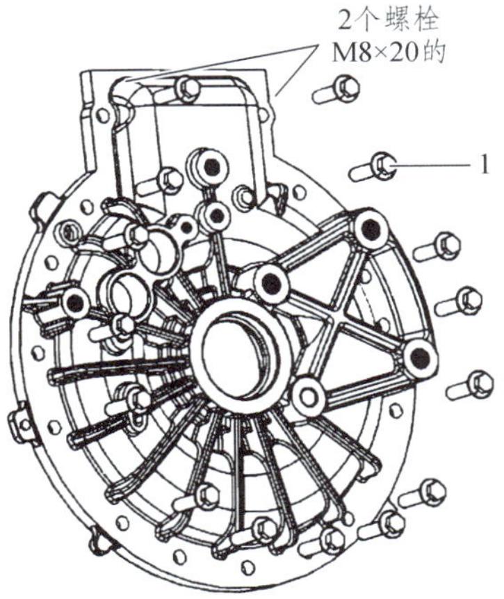

图 1-4-2 旋变传感器螺栓位置

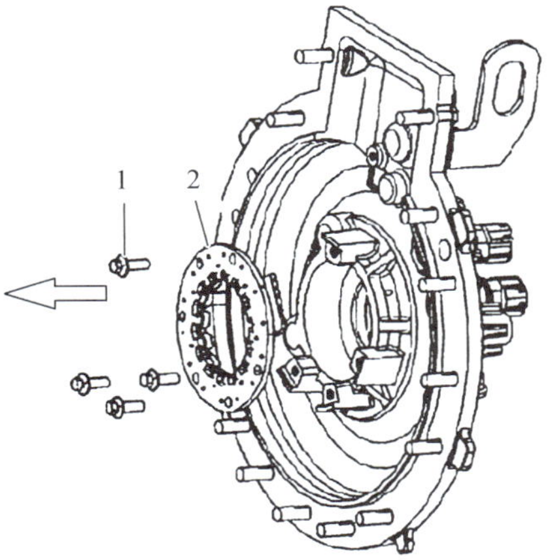

图 1-4-3 旋变传感器拆卸

（3）更换新的旋变传感器后，要对端盖进行安装。安装端盖时:先在箱体接合面处涂抹上密封胶，利用定位销对端盖与箱体进行定位，然后用扭力扳手将 M8×30 法兰面螺栓扭紧，力矩为 25 N · m。

（4）加速踏板传感器检测。

① 用小号棘轮扳手、10 号六角套筒松开低压蓄电池负极接头（图 1-4-4），并固定搭铁线，防止移动负极端子。

② 松开加速踏板位置传感器放松卡扣，取出传感器插接器（图 1-4-5），检查其外观是否正常。

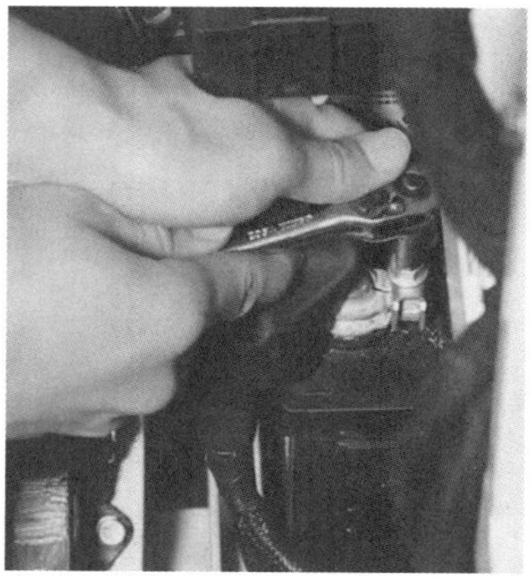

图 1-4-4 拆低压蓄电池负极

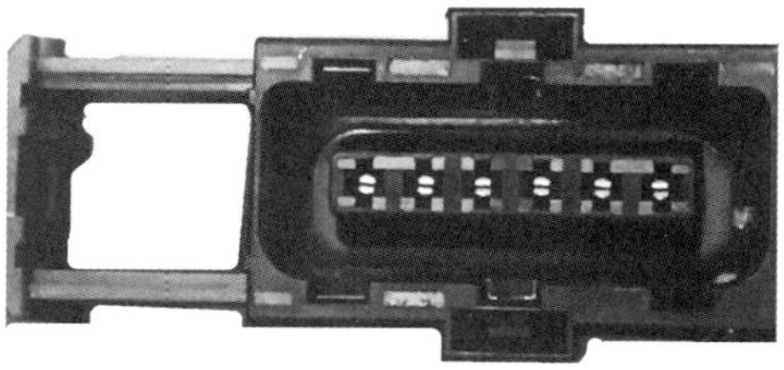

图 1-4-5 传感器插接器

③ 根据维修手册找到电机控制器 B28 插头并拔下，用万用表蜂鸣挡检查对应挡条线束通断情况。

④ 装入蓄电池负极接头，用中号棘轮扳手、10 号六角套筒紧固负极接头。

⑤ 打开启动开关。将测试线连接加速踏板传感器端子 1-6，选用万用表电压挡，正极连接测试线，负极搭铁，分别测量电压值。

⑥ 用示波器对比传感器波形。正极接线柱分别连接两传感器端子，负极搭铁，踩下加速踏板，测量两传感器信号波形，若信号波形不正常，则需更换加速踏板传感器；若波形正常，需更换电机控制器。

知识链接

1. 定义和作用

电机控制系统是驱动电机系统的控制中心，又称智能功率模块，是电动汽车三大核心之一，是车辆行驶的主要执行机构，其特性决定了车辆的主要性能指标，直接影响车辆动力性、经济性和用户驾乘感受。其功能是接受整车控制器的转矩信号，驱动车辆行驶、转向和再生制动回馈能量，同时监控电机系统状态并故障报警和处理。对所有的输入信号进行处理，并将驱动电机控制系统运行状态的信息通过 CAN 网络发送给整车控制器。驱动电机控制器内含故障诊断电路，当诊断出异常时，它将会激活一个错误代码，发送给整车控制器，同时也会存储该故障码和数据。

2. 分 类

根据驱动电机的形式不同，可以将电机控制系统分类：

1）直流电机驱动系统

直流电机驱动系统采用有刷直流电机，电机控制器一般采用斩波器控制方式。它具有成本低、易于平滑调速、控制器简单、控制相对成熟等优点。但需要电刷和换向器，结构复杂，运行时有火花和机械磨损，所以电机运行转速不宜太高，尤其会对无线电信号产生干扰，这对高度智能化的未来电动汽车是致命的弱点。除此之外，直流电机驱动系统还包括电枢调压控制、磁场控制和电枢回路电阻控制。

（1）电枢调压控制是指通过改变电枢的端电压来控制电动机的转速。这种控制只适合电动机极数较少的转速控制，它可以保持电动机的负载转矩不变，电动机转速近似与电枢端电压成比例变化，所以也称为恒转矩调速。直流电动机采用电枢调压控制可实现在宽广范围内的连续平滑的速度控制，调速比可达 1∶10。当磁通保持不变时，减小电压，由于转速不立即发生变化，反电动势也暂时不变化，由于电枢电流减小了，转矩也减小了。如果阻转矩未变，则转速下降。随着转速的降低，反电动势减小，电枢电流和转矩就随着增大，直到转矩与阻转矩再次平衡，但此时转速已经比原来的降低了。

（2）磁场控制是指通过调节直流电动机的励磁电流改变每极磁通量，从而调节电动机的转速，这种控制只适合电动机极数较多的情况。当电枢电流不变时，具有恒功率调速特性。磁场控制效率高，但调速范围小，一般不超过 1∶3，而且响应速度较慢。磁场控制可采用可变电阻器，也可采用可控整流电源作为励磁电源。当电压保持恒定时，减少磁通，由于机械惯性，转速不立即产生变化，于是反电动势减少，电枢电流随之增加。由于电枢电流增加的影响超过磁通减小的影响，所以转矩也就增加。如果阻转矩未变，则转速上升。随着转速的升高，反电动势增大，电枢电流和转矩也随着减小，直到转矩和阻转矩再次平衡为止，但此时转速已经比原来的升高了。

（3）电枢回路电阻控制是指当电动机的励磁电流不变时，通过改变电枢回路电阻来调节电动机的转速。这种控制方法的机械特性较软，而且电动机运行不稳定，一般很少应用。对于小型串励电动机，常采用这种控制方式。

2）交流感应电机驱动系统

这种电机结构简单，制造容易，效率比直流电机高，与永磁无刷电机、开关磁阻电机相比，成本最为低廉，但控制较为复杂。总的说来，异步电机系统的综合性价比具有一定的优势，尤其是异步电机具有高可靠性、免维护、成本低廉的优点。目前，对异步电动机的调速控制主要有恒压频比开环控制、转差控制、矢量控制以及直接转矩控制等。

（1）恒压频比开环控制实际上只控制了电动机磁通而没有控制电动机的转矩，采用这样的控制系统对异步电动机来讲根本谈不上控制性能，通常只用于对调速性能要求一般的通用变频器上。

（2）转差控制是根据异步电动机电磁转矩和转差频率的关系来直接控制电动机的转矩的，可以在一定的转差频率范围内、一定程度上通过调节转差来控制电动机的电磁转矩，从而改善调速系统的控制性能，但其控制理论是建立在异步电动机的稳态数学模型基础上的。它适合于电动机转速变化缓慢或者对动态性能要求不高的场合。

（3）矢量控制理论采用矢量分析的方法来分析交流电动机内部的电磁过程，是建立在交流电动机动态数学模型基础上的控制方法。它模仿对直流电动机的控制技术，将交流电动机的定子电流解耦成互相独立的产生磁链的分量和产生转矩的分量。分别控制这两个分量就可以实现对交流电动机的磁链控制和转矩控制的完全解耦，从而达到理想的动态性能。

3）交流永磁同步电机和无刷直流电机驱动系统

永磁同步电机驱动系统的高效率是其最大特点，质量轻、体积小，也无需维护。与异步电动机相比，永磁同步电机成本较高，可靠性和使用寿命也较差，同时永磁体还存在失磁的可能。另外，它的制造工艺也比异步电机复杂。在控制上，由于永磁体的存在，弱磁控制有一定的难度。因此，目前大多数纯电动汽车的永磁同步电机都带有冷却系统。

4）开关磁阻电机驱动系统

该电机转子没有绕组做成凸极，结构简单，可靠性高，快速响应性好，效率与异步电机相当。由于转子无绕组，该电机系统特别适合频繁正反转及冲击负载等工况。开关磁阻电机系统驱动电路采用的功率开关元件较少，电路简单，能较方便地实现宽调速和制动能量的反馈。因此，这种系统在电动汽车中亦有一定的应用，缺点主要在于其结构带来的噪声和振动较大。

3. 电动汽车对驱动电机系统的特性要求

（1）宽的调速范围，包括低转速时的高恒转矩区以满足车辆起步加速、爬坡；中高转速的较大峰值的恒功率区，以满足高巡航车速要求。

（2）驱动电机整个循行范围内有较高的效率。

（3）有较强的过载能力、快速的转矩动态响应速度。

（4）高可靠性。各种车辆工作条件下的可靠性和健壮性（牢靠性、耐用性）。

（5）较高的防护等级和环境温度适应性。

（6）噪声低、振动小以及系统控制稳定性好。

（7）合理的成本。

4. 电机控制系统的组成

电机控制系统由动力总成（驱动电机 DM）、高压配电设备、电机控制器（MDC）、高低压线束和相关传感器等组成，这些部件可以分开安装，用导线相连，也可以结合成一体更有利于车辆布局。

不同车型的电机控制部件有所差异，如比亚迪 E5 则采用四合一结构，如图 1-4-6 所示，即由 DC/DC 转换器模块、OBC 充电模块、高压配电模块和电机控制器组成高压电控总成。而北汽 EV160 则采用分部件安装，如图 1-4-7 所示。但是无论采用何种安装形式，电机控制部件作用都是相同的。

图 1-4-6　比亚迪 E5 电机控制系统

图 1-4-7　北汽 EV160 电机控制系统

使用以下传感器来检测驱动电机系统的工作信息：电流传感器，用以检测电机工作的实际电流（包括母线电流、三相电流）；电压传感器，用以检测供给电机控制器工作的实际电压（包括动力电池电压、12 V 蓄电池电压）；温度传感器，用以检测电机控制系统的工作温度（包括 IGBT 模块温度、电机控制器板载温度）。

5. 驱动电机控制系统的工作模式

现在电动汽车的行驶模式有 D 挡加速行驶、减速制动、R 挡倒车等工况。

1）D 挡加速行驶

驾驶员挂入 D 挡并踩加速踏板，挡位与加速信息通过信号线传递给整车控制器。整车控制器相应信号通过 CAN 总线传递给电机控制器，电机控制器参考旋变传感器信息，向永磁同步电机通入三相交流电使其开始运作。随着加速踏板信号的不断增大，电机控制器控制 IGBT 导通频率上升，电机的转矩随着电流的增大而增大。电机控制器始终保持恒定的电机输出功率。并通过电流传感器和电压传感器，感知电机当前功率、消耗电流与电压的大小，通过 CAN 网络传送给仪表，让驾驶员及时了解车辆运行情况。

2）R 挡倒车

当驾驶员挂入 R 挡，倒挡信号通过信号线传递给整车控制器，再通过 CAN 总线发送给电动机控制器，此时电动机控制器结合当前转子位置信息，通过改变 IGBT 模块改变三相交流电中 W/V/U 三相电的通电顺序，进而控制电机反转。

3）减速制动

当驾驶员松开加速踏板时，电机在惯性的作用下仍在旋转，电机依旧带动车轮转动。随着电机转速的下降，车轮转速逐渐超过电机，此时电机转子被车轮带动旋转，电机变为发电状态。BMS（电池管理系统）通过采集充电电流、电压以及电池温度等参数计算出相应的允许最大充电电流。电动控制器通对 IGBT 模块控制调整发电机最大发电电流，既保证了向动力电池充电的电流，也对车轮起到了辅助减速的作用。

4）E 挡能量回收挡

在车辆正常行驶时，E 挡与 D 挡的根本区别在于发动机控制器和整车控制器内部程序、控制策略不同。在加速行驶时 E 挡相对于 D 挡来说提速较为平缓，蓄电池放电电流也较为平缓，目的是尽可能节省电量以延长行驶距离，而 D 挡提速较为灵敏，响应较快。E 挡则更注重能量回收，当松开加速踏板时，驱动电机被车轮反拖发电时所需的“机械能”牵制了车辆的滑行，从而起到了一定的降速、制动的效果，所以 E 挡此时的滑行距离比 D 挡短。

6. 旋转变压器

旋转变压器简称旋变，是转角位置传感器的一种，是一种角度传感器，一种输出电压随转子转角变化的信号元件。当励磁绕组以一定频率的交流电压励磁时，输出绕组的电压幅值与转子转角成正余弦函数关系，这种旋转变压器又称为正余弦旋转变压器。旋转变压器用于速度及位置检测，可以将信号反馈给控制器进行监测，来准确控制电机的转速及位置，如图 1-4-8 所示。

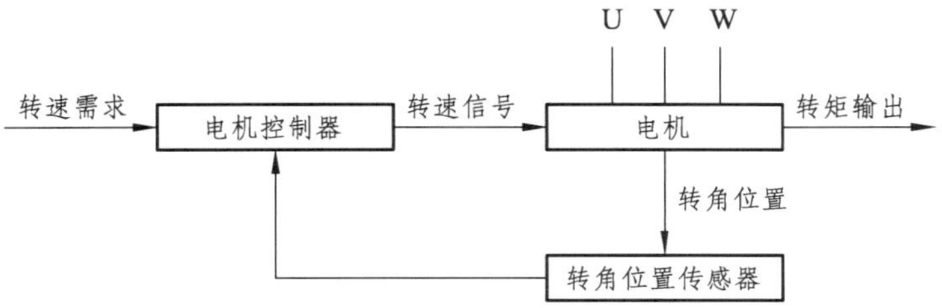

图 1-4-8　信号反馈示意图

按输出电压与转子转角间的函数关系，主要分三大类旋转变压器:①正余弦旋转变压器，其输出电压与转子转角的函数关系成正弦或余弦函数关系。②线性旋转变压器，其输出电压与转子转角成线性函数关系。线性旋转变压器按转子结构又分成隐极式和凸极式两种。③比例式旋转变压器，其输出电压与转角成比例关系。

以比亚迪 E6 为例，电机解角传感器有电机控制器模块监测，根据这些位置传感器的信号，电机控制器监测电机的角位置、转速和方向。解角传感器包含一个励磁线圈、两个驱动线圈和一个不规则形状的金属转子。金属转子以机械方式固定在电机轴上。将点火开关置于“ON”挡时，电机控制模块输出一个 5 V 交流电、一定频率的励磁信号至驱动线圈。驱动线圈励磁信号生成一个环绕两个从动线圈和不规则形状转子的磁场。然后，电机控制模块监测两个从动线圈电路，以获得一个返回信号。不规则形状金属转子的位置引起从动线圈的磁感应返回信号发生大小和形状的变化。通过比较两个从动线圈信号，电机控制器能确定电机的确切解角、转速和方向。

旋转变压器由旋变线圈和信号盘组成，如图 1-4-9 所示，其外观如图 1-4-10 所示。

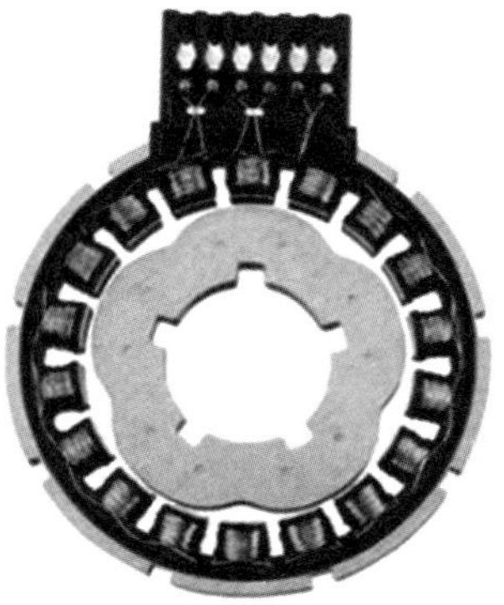

图 1-4-9　旋转变压器的组成

图 1-4-10　旋变传感器外观

旋变故障（电机与控制器旋变线连接正确）一般分为 2 种情况：一种电机旋转变

压器故障，另一种为控制器旋变解码电路故障。不管哪一种故障，都会导致电机系统无法启动及转矩输出偏小等现象。若出现以上情况，请首先检查电机旋转变压器是否损坏，检测步骤如下：根据电气接口表定义，采用万用表欧姆挡检查 S1/S3（60 ± 16）Ω、S2/S4 （60 ± 6）Ω、R1/R2（33 ± 3.3）Ω绕组阻值，若为无穷大，表示损坏，需更换旋转变压器。若显示正常值，则表示控制器内部旋变解码电路故障，需更换控制器主控板。

7. 加速踏板传感器

电动汽车的加速踏板传感器，如图 1-4-11 所示，主要传递驾驶员的驾驶意图。

图 1-4-11　加速踏板

加速踏板传感器根据其工作原理的不同，可以划分为电位计式、感应式和霍尔效应式，其中第一种为接触式，后两种为非接触式。比较而言，非接触式传感器寿命长、可靠性高、准确性好，是当前应用的主流。按照加速踏板的行程对应电机扭矩比例关系的不同，可以划分为软性、线性和硬性三种类型，对应驾驶员不同的驾乘感受。如图 1-4-12 所示。曲线 1 属于软性，踏板踩下感觉偏软，有些使不上劲儿，但好处在于驾驶员对车辆的操控性比较好，不会产生突然“向前窜”的感觉。曲线 3 则属于硬性，这种控制策略汽车起步更快，更有劲，也更易于换挡，驾驶感觉比较好。但由于曲线算法比较复杂，计算量大，因此响应特性比较差。而曲线 2 效果处于前面两者之间，这种踏板策略函数关系比较简单，但在汽车的加速性上偏慢，驾驶感觉要比硬性稍差一些。

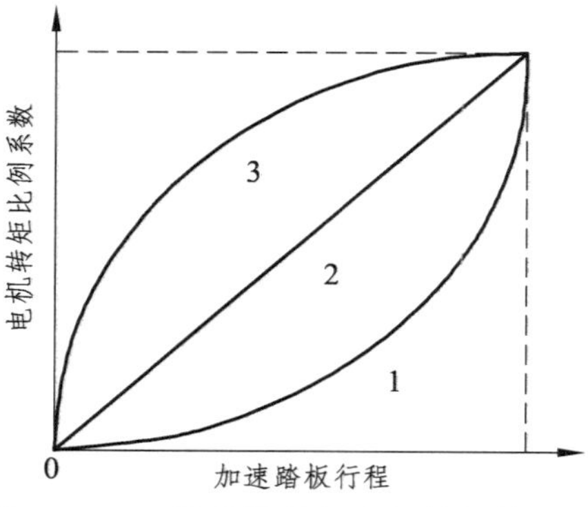

图 1-4-12　踏板行程与电机转矩关系图

当前采用最多的加速踏板位置传感器的是电位器型加速踏板位置传感器（电位器即滑动电位器），一般安装在驾驶室加速踏板轴的一端，通过脚踩加速踏板使得传感器内部指针滑动改变滑动电阻器的阻值，从而影响加载在其上面的电压值。

比亚迪 E5 的加速踏板至高压电控总成电路图，如图 1-4-13 所示。油门踏板深度传感器有 2 个电位器，6 个针脚，每 3 个针脚形成一个完整的回路。内部的电位器一个是主信号电位器，一个是辅助信号电位器，主信号电压是辅助信号电压的 2 倍，两组电位器之间可以相互检测，如果其中一个出现故障，则高压电控总成可以接收到另一个正确的信号。北汽车辆加速踏板信号送入高压电控总成，由高压电控总成通过分析处理在分别控制电池控制器 BMS 和电机控制器 MCU 进行电机转速调节。

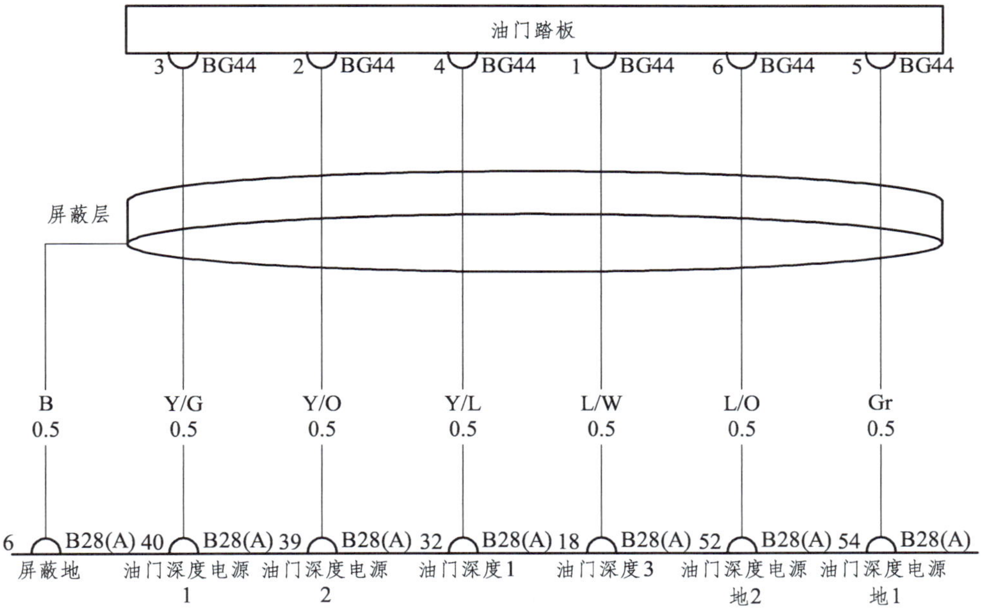

图 1-4-13　比亚迪 E5 加速踏板至高压电控总成电路图

任务工单

1. 旋变传感器阻值检查记录表

绕组	参考值/Ω	线束	测量值/Ω
励磁绕组	8±1	端子____与端子____之间	
正弦绕组	16±1	端子____与端子____之间	
余弦绕组	16±1	端子____与端子____之间	

2. 旋变传感器波形记录

检测点	波形图
励磁绕组	
正弦绕组	
余弦绕组	

3. 油门位置传感器电压值记录表

端子功能	参考值/V	线束	测量值/V
油门深度	随着油门下压电阻值越大	端子____与端子____之间	
油门深度电源正	4.8 ~ 5.2	端子____与端子____之间	
油门深度电源负	接近 0	端子____与端子____之间	

4. 油门位置传感器波形图

油门位置传感器波形	

任务评价

1. 自　评

结合本组任务分配情况及操作要求，对任务执行过程中的操作规范性进行检查，检查操作过程中是否存在以下问题，分析讨论应如何避免并总结规范的操作方法和步骤。

检查项目	结果	
绝缘工具是否检查其绝缘性能及保质期	是☐	否☐
是否按规范做好个人安全防护措施	是☐	否☐
是否按规范对车辆进行防护	是☐	否☐
是否对车辆的高压部分做好绝缘防护，并妥善保管高压开关和车钥匙，并确认放电后母线电压	是☐	否☐
举升机是否按规范操作，是否注意人身安全	是☐	否☐
能否正确使用读取波形的设备	是☐	否☐
检测项目是否有漏项	是☐	否☐
车辆、设备和工具是否复位	是☐	否☐
工作场地是否清洁	是☐	否☐

2. 互　评

组与组之间相互进行任务操作过程及结果检查，并把检查结果记录于下表。

检查项目	结果	
绝缘工具是否检查其绝缘性能及保质期	是☐	否☐
是否按规范做好个人安全防护措施	是☐	否☐
是否按规范对车辆进行防护	是☐	否☐
是否对车辆的高压部分做好绝缘防护，并妥善保管高压开关和车钥匙，并确认放电后母线电压	是☐	否☐
举升机是否按规范操作，是否注意人身安全	是☐	否☐
能否正确使用读取波形的设备	是☐	否☐
检测项目是否有漏项	是☐	否☐
车辆、设备和工具是否复位	是☐	否☐
工作场地是否清洁	是☐	否☐

学习测试

1. 填空题

按输出电压与转子转角间的函数关系，主要分三大类旋转变压器 __________ 、__________、__________。

2. 判断题

（1）驱动电机的功能是将电能转化为机械能，通过传动装置驱动或直接驱动车轮。（ ）

（2）纯电动汽车驱动单元的功能是将储存在动力电池中的电能高效地转化为车轮的动能进而推进汽车行驶，并能够在汽车减速制动或者下坡时，实现再生制动。（ ）

（3）集中驱动利用一个动力源通过变速器和减速器（或只通过减速器）降速增扭，最后经差速器将驱动转矩大致平均地分配给左右驱动半轴，可以采用前轮驱动、后轮驱动或四轮驱动的形式。（ ）

（4）与集中驱动相比，独立驱动的效率较低，成本较高。（ ）

（5）纯电动汽车常用的电机驱动系统有两种类型：直流电机驱动系统、交流电机驱动系统。（ ）

（6）旋转变压器是一种将角位移转换为电信号的位移传感器，用于电机控制系统中测量转角的位置，它的输出电压是随定子转角做某种函数变化的电气信号，通常是正弦、余弦、线性等关系。（ ）

3. 单选题

测量电机控制器高压线线缆正极线束电流需要用到的仪表是（ ）。

A. 电流表　　B. 万用表

C. 电流钳　　D. 解码仪

项目 1 任务 4 资源

任务 5　电机控制器检测维修

情景引入

一辆纯电动汽车无法正常行驶，你的主管初步判断驱动电机控制器发生故障，让你对现驱动电机控制器进行检测，如有故障，更换驱动电机控制器总成。你能完成这个任务吗?

学习目标

◎ 知识目标

（1）能阐述电机控制器的原理。

（2）熟悉驱动电机控制器运行时的注意事项。

◎ 技能目标

（1）能使用仪器读取和清除故障码，读取数据流。

（2）能进行电机控制器的更换。

◎ 素质目标

（1）树立正确的学习观、价值观，自觉践行行业道德规范；养成良好的操作习惯，能够按规范要求做好安全防护。

（2）遵规守矩，养成团结协助、各司其职做好检修工作的习惯。

（3）发扬一丝不苟、精益求精的工匠精神。

任务分析

当纯电动车无法正常行驶，电机控制器出现故障时，首先通过仪器读取和清除故障码，如数据异常，考虑更换电机控制器。

任务实施

1. 实施准备

（1）防护装备：铺设安全防护设备，穿戴高压护具。

（2）车辆、台架、总成：新能源汽车。

（3）专用工具、设备：X431、万用表。

（4）手工工具：绝缘工具套装。

（5）辅助材料：无。

（6）注意事项：以下维修作业在涉及高压系统时，原则上不能带电操作，如确需不断电检查高压系统，一定要穿戴好个人防护用具，按规范进行检查。

2. 实施步骤

1）数据流和故障码的读取（以比亚迪 E5 为例）

（1）连接诊断仪，启动车辆。

（2）打开诊断仪，选择相应的车辆，进行整车自诊断。

（3）清除故障码，再次读取故障码。

（4）如果存在故障码，便可以根据此故障码排查相关故障点。

（5）读数据流。

① 检查电机控制器与各个模块通信是否正常。

② 检查驱动电机母线电压是否在正常范围内，标准值为 613 ~ 674 V。

③ 检查驱动电机温度是否在正常范围内，标准值为 – 25 ~ 85 °C。

④ 检查 IGBT 最高温度是否在正常范围内，标准值为 – 25 ~ 65 °C

⑤ 检查电感最高温度是否在正常范围内，标准值为 – 15 ~ 65 °C

（6）读取漏电传感器数据流：检查漏电传感器绝缘电阻阻值是否在正常范围内，标准值不能低于 316.8 k Ω

（7）读取电池管理器数据流。

① 检查电池组当前总电压是否在正常范围内，标准值为 613 ~ 674 V。

② 检查单节电池最高和最低电压是否在正常范围内，标准值为 3.1 ~ 3.4 V。

③ 检查各个单节电池电压采样状态是否正常。

（8）读取 DC/DC 模块数据流。

① 检查高压侧电压是否在正常范围内，标准值为 613 ~ 674 V。

② 检查低压侧电压是否在正常范围内，标准值为 11 ~ 16 V。

2）高压电源电路检测

（1）检查高压。

① 将电源挡位上到“OK”挡。

② 读取 VTOG 数据流，看电池高压是否供给 VTOG 控制器。动力电机母线电压与电池管理器总电压相差小于 20 V，与电池管理器总电压相差大于 20 V。根据表 1-5-1 判断可能的故障点

表 1-5-1　电压值对应故障

电压值/V	0 ~ 199	200 ~ 400	>400	<20	其他
可能故障	电压过低，电池包	正常	检查电池包	无高压，检查高压线束连接，若正常，进入第 3 步	检查 VTOG 控制器或者电池管理器的采集电路（可更换尝试）

（2）检查整车启动流程。

① 踩制动器上电，读取电池管理器数据流中预充状态，根据表 1-5-2 判断状态。

表 1-5-2　预充状态

数据流	预充状态		
	未预充	预充完成	预充失败
处理	进入 2.2	检查配电箱低压线束，进入第 3 步	检查配电箱高低压线束，若正常，更换 VTOG

② 检查上电过程按表 1-5-3 进行。

表 1-5-3　上电过程检查项

步骤	检查项	是	否
1	踩制动器，观察制动灯是否点亮	2	检查制动信号
2	踩制动器，观察启动按钮绿色灯是否点亮	3	检查 BCM
3	读取 VTOG 数据流，踩制动器上电，是否发送上电请求	检查管理器 CAN 线和管理器	4
4	检查 BCM 是否发送启动请求报文	5	更换 BCM
5	重新匹配电机防盗后，再次尝试上电，是否能上电	完成	更换 vrOG 控制器

（3）检查高压配电箱低压控制端。

① 拔下高压配电箱 M31 连接器。

② 测量线束端连接器各端子间电压或电阻。

3）电机控制器的拆装

（1）操作启动开关使电源模式至“OFF”挡。

（2）安装防护垫。

（3）使用棘轮扳手、套筒拧松蓄电池负极电缆紧固螺母，松开负极电缆并做好绝缘防护。等待 5 min 后再进行下一步骤。

（4）佩戴绝缘手套。

（5）向上推动直流母线插接器卡扣保险拆卸直流母线。使用万用表电压挡测量正负极电压低于 1 V，方可进行下一步骤。

（6）用绝缘工具拆卸电机控制器上盖螺栓，取下电机控制器上盖及密封垫。

（7）用绝缘工具拆卸三相线束（电机控制器侧）螺栓，拆卸三相线束插接器的固定螺栓，脱开三相线束。

（8）拆卸高压线束（电机控制器侧）螺栓，拆卸高压线束插接器的固定螺栓，脱开线束。

（9）断开控制器线束插头。取下 DC12 V 输出防尘盖，拆卸电机控制器 DC12 V 输出固定螺母，脱开线束。

（10）拆卸电机控制器 4 颗固定螺栓。

（11）脱开电机控制器进水管、出水管。

（12）取下电机控制器总成。

（13）更换新电机控制器总成。安装顺序与拆卸顺序相反。

注意：安装固定螺栓力矩为 23 N·m，线束固定螺丝力矩为 7 N·m。更换完成后需补充冷却液到“MAX”位置。

知识链接

1. 电机控制器的组成及作用

电机控制器（MCU）又称智能功率模块（图 1-5-1），由功率电路、驱动与保护、控制电路构成。它以 IGBT（绝缘栅双极型晶体管）模块为核心，辅以驱动集成电路、主控集成电路、故障诊断电路。

电机控制器主要作用是将存储于电池中的能量，按所采用的电机要求，将蓄电池直流电转换成相应电压等级的直流、交流或脉冲电源，并传递给驱动电机输入端，然后由驱动电机把电能转换成机械能，再通过减速器、传动轴、差速器、半轴等机械传动装置，推动车辆运动。功率电路用于进行能量的变换；驱动与保护电路，用于实现对功率模块的驱动控制与故障保护；控制电路用于实现电机的转矩和转速控制与整车通信等功能。

电机控制器中的控制电路通常由微控制器或数字信号处理器和相关电子电路组成（图 1-5-2），用于接收来自加速踏板、制动踏板和停车、前进、倒车、空挡控制手柄的输出信号信息，并对其进行处理，产生功率变换器半导体开关器件所需的切换信号，控制驱动电机的转动。

图 1-5-1　电机控制器外形

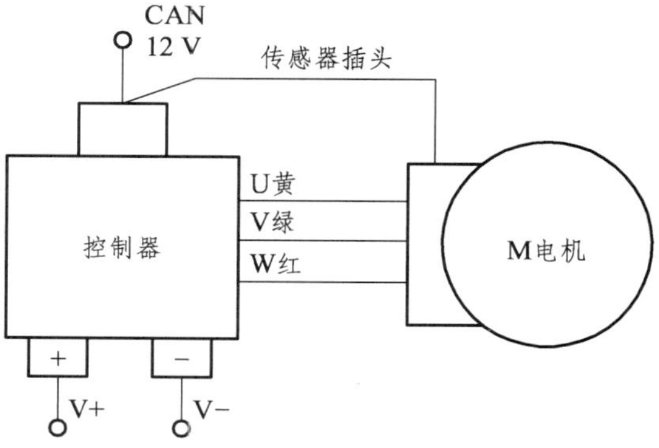

图 1-5-2　电机控制原理图

2. 分 类

目前使用在纯电动汽车上的驱动电机管理模块主要有两种类型，一种是仅用于控制驱动电机的，即 MCU；另一种是更具有集成控制功能的驱动电机管理模块，即 MCU 与 DC-DC 转换器功能，这类驱动电机管理模块也被称为 PCU。DC/DC 转换器是直流-直流的电压变换器，用于将动力电池或逆变器产生的电能转换成 12 V 低压电能，用于给 12 V 蓄电池充电和车身电气设备供电。将 MCU 与 DC/DC 转换器集成化是目前纯电动汽车与混合动力汽车驱动电机管理模块发展的一个趋势，集成度更高的系统既节省了成本，也利于系统之间信息的共享与车辆部件位置的布置设计。不同种类的电机采用不同的电机驱动系统，所采用的电机控制器也不相同。直流电机（DC Motor）驱动系统，电机控制器一般采用脉宽调制（PWM）控制方式；交流感应电机（AC IM）驱动系统，电机控制器采用矢量控制或直接转矩控制的变频调速方式。

3. 技术指标

电机控制器的技术指标包括输入电压、工作电压范围、控制电源（通常为 9 ~ 12 V）、标称容量、防护等级、尺寸等。电机控制器主要由接口电路、控制主板、IGBT 模块（驱动）、超级电容、放电电阻、电流传感器等组成。电机系统工作必须满足以下条件：高压电源输入正常（一般绝缘性能大于 20 MΩ），低压 12 V 电源供电正常（电压范围 9 ~ 16 V），与整车控制器通信正常，电容放电正常，旋变传感器信号正常，三相交流输出电路正常，电机及电机控制器温度正常，开盖保持开关信号正常。

4. 绝缘栅双极晶体管 IGBT

绝缘栅双极晶体管简称 IGBT，是一种发展很快、应用很广的复合型电力电子器件。在新能源汽车应用领域，IGBT 电压等级通常为 600 V 或 1 200 V，电流等级为 400 ~ 900 A，少数达到 1 200 A 及以上。IGBT 是电动汽车中的核心器件之一。

IGBT 主要应用于以下两个子系统中：① 电机控制系统，大功率直流/交流（DC/AC）逆变后驱动汽车电机；② 车载空调控制系统，小功率直流/交流（DC/AC）逆变，使用电流较小的 IGBT 元件。

IGBT 的层状结构如图 1-5-3 所示，其相当于一个由场效应管 MOSFET、驱动的厚基区 GTR，简化的等效电路。IGBT 是以 MOSFET 为驱动器件、GTR 为主导器件的达林顿电路结构器件。IGBT 的图形符号如图 1-5-4 所示，图中漏极 D 用集电极 C 表示，源极 S 用发射极 E 表示，漏极电流 ID 改用集电极电流 IC 表示。对于 P-IGBT 型器件，图形符号中的箭头方向相反。

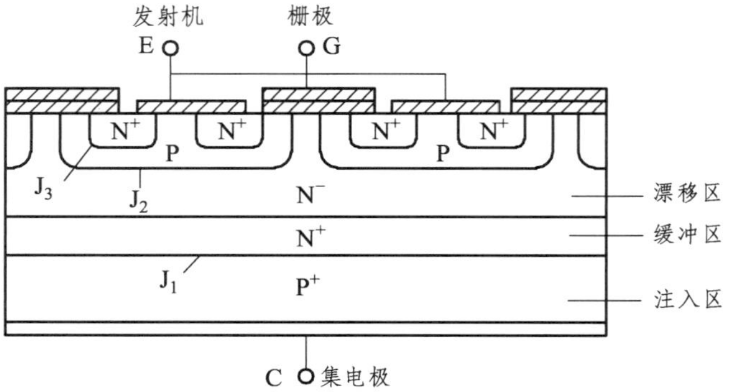

图 1-5-3　IGBT 层状结构

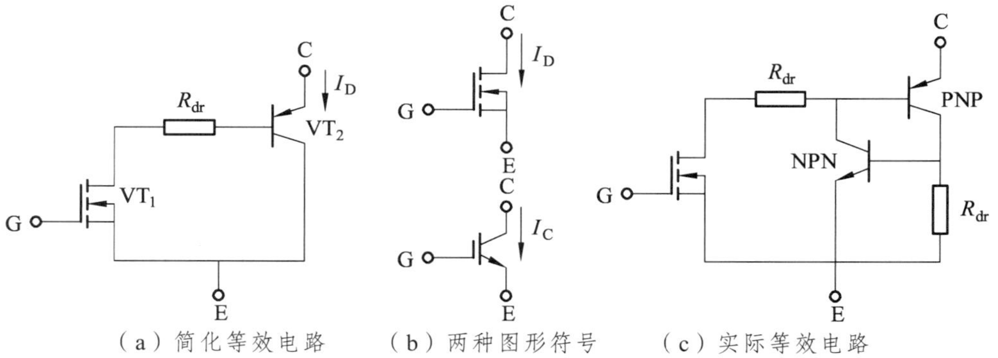

图 1-5-4　IGBT 等效电路及图形符号

IGBT 开通时的正向偏置安全工作区 FBSOA 由电流、电压和功耗三条边界极限包围而成。最大集电极电流 ICM 是按避免擎住效应而由厂方确定的；最高集电极-发射极电压 UCEM 是由 IGBT 中 PNP 晶体管的击穿电压规定的；最高功耗则由最高允许结温所规定。如通过直流、发热严重，因而安全工作区变窄；若为脉冲电流，导电时间短，工作区变宽，脉冲越窄，工作区越宽。在应用 IGBT 的时候要注意的是，IGBT 有较大的极间电容，使 IGBT 的输入端显示出较强的容性特点，在输入脉冲作用下，将出现充放电现象。

5. MOS 门极关断晶闸管（MCT）

MOS 门极关断晶闸管（MCT）是晶闸管和 MOSFET 组合而成的复合器件，它的主导元件是 SCR，控制元件是 MOSFET。MCT 具有 SCR 和 MOSFET 的共同优点，是一种理想的电力电子开关器件。目前，MCT 的产品正在系列化，其电压等级为 500 ~ 1 000 V，电流容量为 50 ~ 100 A。

MCT 将 MOSFET 的高输入阻抗、低驱动功率与快速的开关速度和 SCR 的高电压、大电流特性结合在一起。MCT 的典型结构如图 1-5-5 所示，它是在 SCR 结构中集成了一对 MOSFET，通过 MOSFET 来控制 SCR 的导通和关断。使 MCT 导通的 P 沟道 MOSFET 称为 ON-FET，使其关断的 N 沟道 MOSFET 称为 OFF-FET。

在结构上 MCT 需要用双门极控制，这一点与 SCR 和 GTO 不同；门极信号以阳极为基准而不是以阴极为基准。MCT 是一种电压控制器件，使 MCT 触发导通的门极负脉冲幅值一般为 – 5 ~ – 15 V，使其关断的门极正脉冲电压幅值一般为+10 V。MCT 是一种电压控制器件。

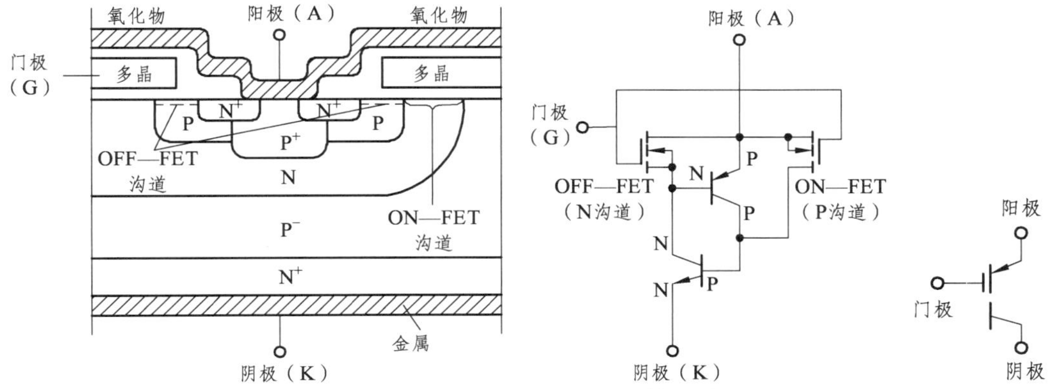

图 1-5-5　MCT 结构及其等效电路

6. 电机控制器的工作特性

1）变流器技术

电机控制器实际是电力电子变流器技术在工程上的应用，它包括四大类：

（1）当电动车或混合动力汽车车辆将交流电变换为直流电为动力电池充电，称为整流技术。

（2）将动力电池的高压电转换成低压电源 12 V，为低压电路系统提供工作电源和为辅助电池充电。

（3）种直流电变换为另一种直流电称为直流斩波或直流-直流变换；

（4）车辆正常行驶时动力电池高压直流电转换成供驱动电机工作的高压交流电；将一种交流电变换为另一种交流电称为交-交变流技术。

2）逆变电路

将直流电转换为交流电，向驱动电机提供工作电源，逆变电路输出的频率和电压的大小，取决于负载的实际需要，可以是定压定频的负载，也可以是调压调频的负载。逆变器是将直流转换为交流的装置，反之可将电流从交流转换为直流。通过改变相应开关的 ON/OFF 时间，可将频率切换至所需频率，这种能调压调频的逆变器通常称为变频器。

三相桥式逆变电路工作过程：

（1）当电子控制器控制电路中的 IGBT2 和 IGBT4 导通时，动力电池电流从电池正极流经 IGBT2 到电机，从电机的 V 相绕组流进，U 相绕组流出，再通过 IGBT4 回到动力电池负极，形成回路，如图 1-5-6 所示。电机中 V 相和 U 相通电后产生磁场，电机随之运转。

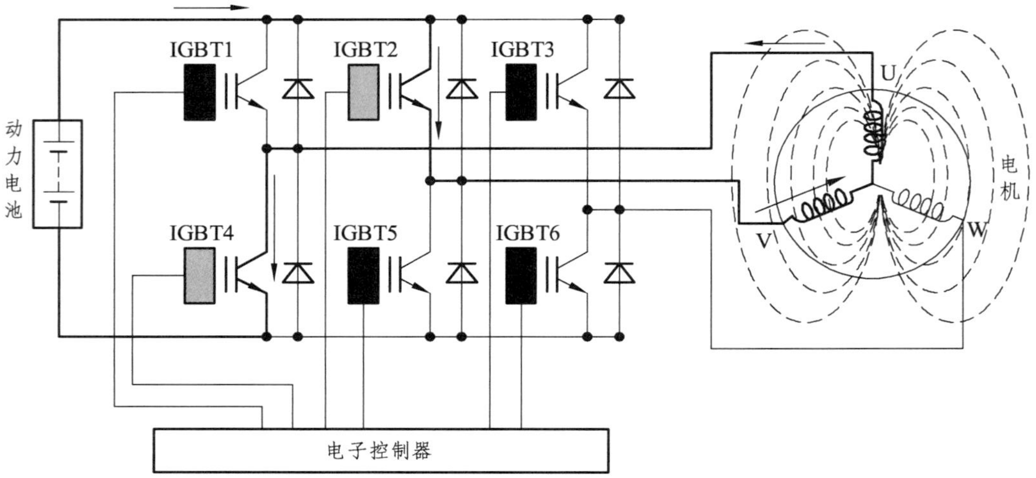

图 1-5-6　IGBT2 和 IGBT4 导通

（2）当电子控制器控制电路中的 IGBT3 和 IGBT5 导通时，动力电池电流从电池正极流经 IGBT3 到电机，从电机的 W 相绕组流进，V 相绕组流出，再通过 IGBT5 回到动力电池负极，形成回路，如图 1-5-7 所示。电机中 W 相和 V 相通电后产生磁场。

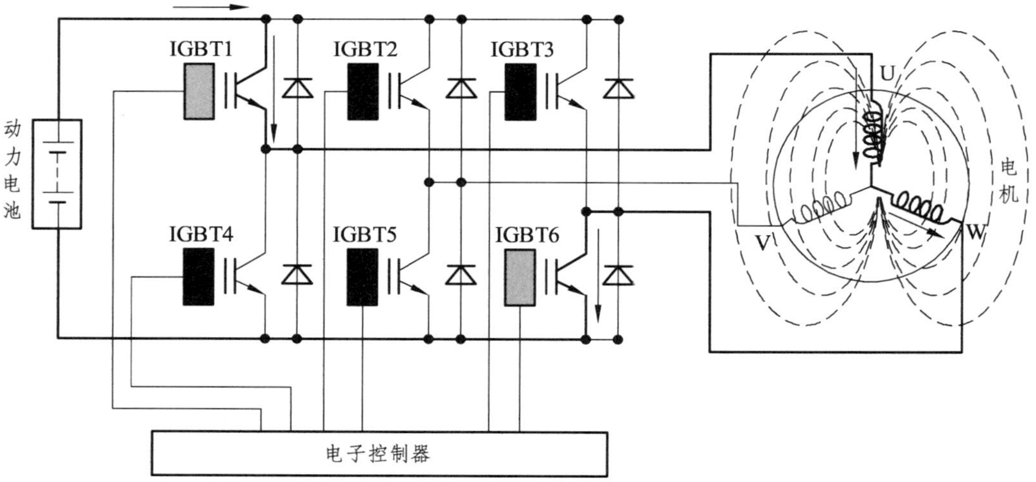

图 1-5-7　IGBT3 和 IGBT5 导通

（3）当电子控制器控制电路中的 IGBT1 和 IGBT6 导通时，动力电池电流从电池正极流经 IGBT1 到电机，从电机的 U 相绕组流进，W 相绕组流出，再通过 IGBT6 回到动力电池负极，形成回路，如图 1-5-8 所示。而电机中 U 相和 W 相通电后产生磁场。

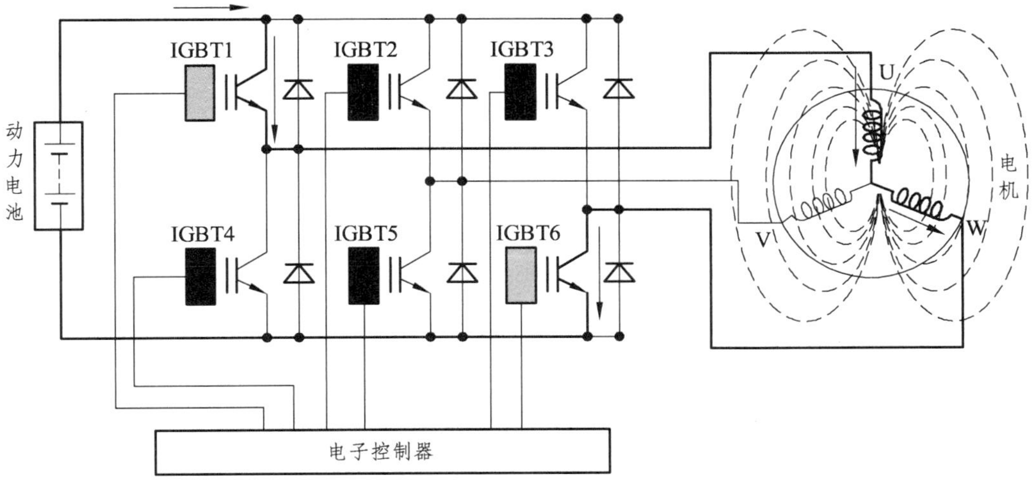

图 1-5-8　IGBT1 和 IGBT6 导通

3）再生制动电路

电动汽车安装此能量回收系统，能够有效发挥电动汽车的特点，回收车轮制动、下坡滑行、高速运行及减速运行等状态下的部分能量，将其转化为电能并给蓄电池充电，充分地使用能源，从而提高电动汽车的续驶里程。其基本原理如图 1-5-9 所示。

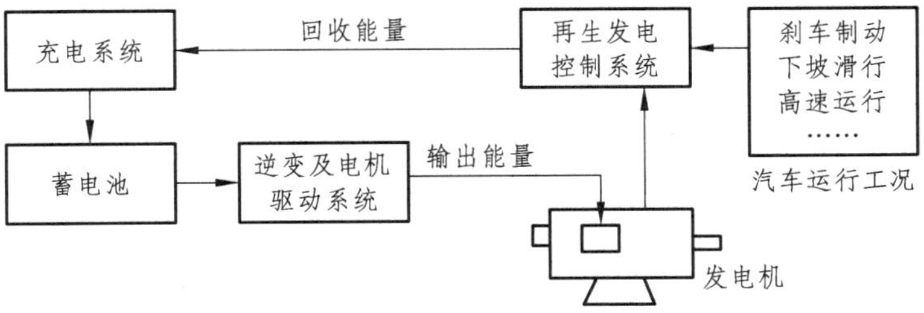

图 1-5-9　再生制动的基本原理

电动汽车制动的三种主要模式：① 紧急制动，对应于制动加速度大于 2 m/s 的过程。为保持车辆的制动安全，要尽可能使用传统液压制动，而电机则较少参与或者不参与制动。② 正常制动，车辆在正常工况下的制动过程，一般有减速过程和停止过程。电机制动负责减速过程，停止过程由液压制动完成。两种制动转化点由电机发电特性确定。③ 长时间下坡时的减速制动，车辆行驶在类似盘山公路的长坡时，对制动力要求不是很大，可以完全由电机制动提供。其充电特点表现为电流小但充电时间长。

能量回收与制动之间必须遵循以下关系：① 能量回收制动不应该干预 ABS 的工作。② 当 ABS 进行制动力调节时，制动能量回收不应该工作。③ 当 ABS 报警时，制动能量回收不应该工作。④当电驱动系统有故障时，制动能量回收不应该工作。

再生制动的基本原理：通常情况下，蓄电池电压都比制动能量回馈过程中开始工作的比较特殊的发电系统发电电压高，所以通过特殊的控制系统，将该回馈系统产生的电能给蓄电池充电，从而让电机在再生制动模式下工作。图 1-5-10 为再生制动的基本原理，图中 R_c 为电阻，R_b 为制动限流电阻，U 为蓄电池的电压，E 为电动机的感应电势，L 为电动机电枢的电感。

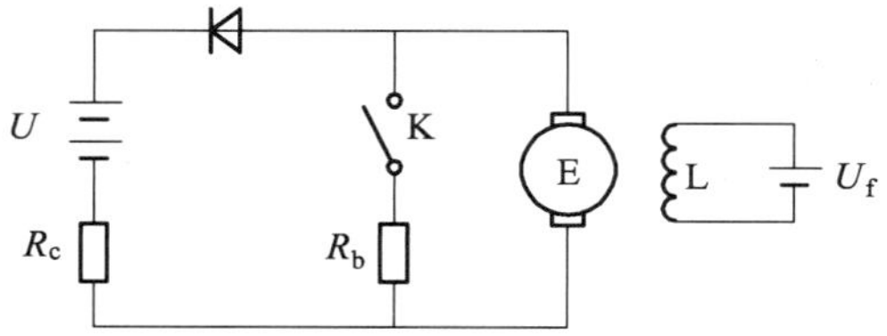

图 1-5-10　再生制动基本原理电路

工作时，将电动机电枢驱动电流断开，电枢两端接入一个开关电路。由于电动机为感性器件，感应电势与感应电流随时间的变化关系：

$$E = -L\mathrm{d}i/\mathrm{d}t$$

当闭合开关时，工作回路由电动机感应电势引起的感应电流经开关 K 构成，此时的制动电流为感应电流，其大小为

$$i_1 = -E/(R_c + R_b)$$

当断开开关 K 时，流经电动机电流的绝对值快速增大，使得感应电势快速上升，直至 $E>U$ 时，实现能量反馈。设（R_c+R_d）是电流回馈电路中的等效电阻，则制动电流 i_2 是回馈电流，即

$$i_2 = (E - U) / (R_c + R_d)$$

发动机或车轮使转子（永久磁铁）旋转时，通过电磁感应在定子线圈（U、V 和 W 相）内产生三相交流电。将产生的交流电压（流经 IPM 二极管）进行整流（转换为直流），然后对 HV 动力电池充电，如图 1-5-11 所示。

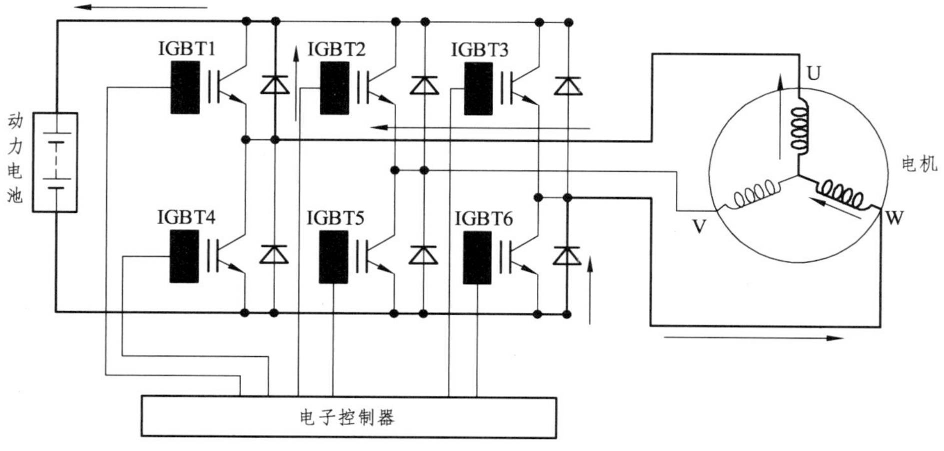

图 1-5-11　再生制动向动力电池充电过程

控制电路零扭矩控制时（未操作电动机且未进行再生制动的情况下）根据行驶状态，电动机扭矩可能减至零。例如，由于车辆使用前轮驱动，因此在水平路面上平稳行驶时，E-four 系统的 MGR 既不驱动车轮也不发电。然而，MGR 仍旋转。由于 MGR 旋转而产生电压，从而使电流开始流动。为使 MGR 产生的电压偏置，IGBT 切换至“ON”以产生电压，从而防止电流流动。V1 来自 HV 电池，计算机控制算出多大的电压，V2 再生发电。

4）升降压斩波电路

升降压斩波器（Buck-boost chopper），是一种既可以升压，又可以降压的变换器，其原理如图 1-5-12 所示。电路中电感 L 值很大，电容 C 值也很大，使电感电流 i_L 和电容电压即负载电压 U_0 基本恒定。

升降压斩波电路的基本工作原理为：当可控开关 VT 处于导通状态时，电源经 VT 向电感 L 供电使其储存能量，此时电流为 i_1。同时，电容 C 维持输出电压基本恒定并向负载 R 供电。此后，使 VT 关断，电感 L 中储存的能量向负载释放，电流为 i_2，如图 1-5-12 所示。

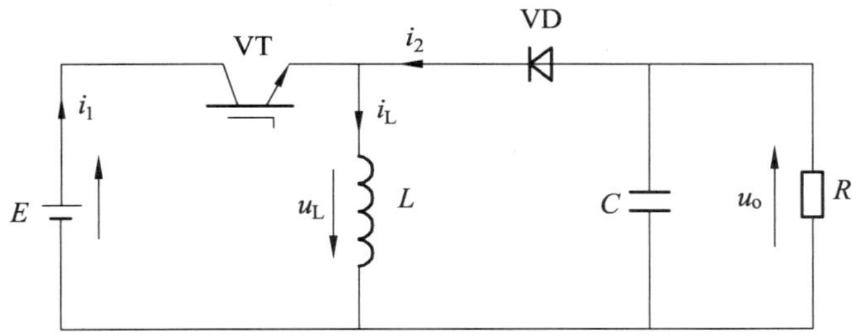

图 1-5-12　升降压斩波电路

5）直流电源转换电路

车辆的电气零部件和各 ECU 使用直流电压 12 V 作为其电源。在常规车辆中，交流发电机（使用发动机电源）用于为 12 V 蓄电池充电并为电气零部件供电。混合动力车辆不使用交流发电机。

DC/DC 转换器将 HV 蓄电池的电压从直流电压 201.6 V 转为直流电压 14 V。与常规车辆不同，发动机转速与输出电流和输出电压无关。

晶体管桥接电路中将高压（201.6 V）暂时转换为交流并通过变压器降至低压。然后，将交流转换为直流，并稳定地输出至直流电压 12 V 系统，如图 1-5-13 所示。

根据动力管理控制 ECU（HV CPU）的信号，MG ECU 控制逆变器和增压转换器以驱动 MG1 和 MG2，或使其发电。MG ECU 将车辆控制所需的信息[如逆变器输出安培值、逆变器电压、逆变器温度、MG1 和 MG2 转速（解析器输出）、大气压力]以及任何故障信息传输至动力管理控制 ECU（HV CPU）。MG ECU 从动力管理控制 ECU

（HV CPU）接收控制 MG1 和 MG2 所需的信息（如所需原动力、MG1 和 MG2 的温度以及目标升高电压）。

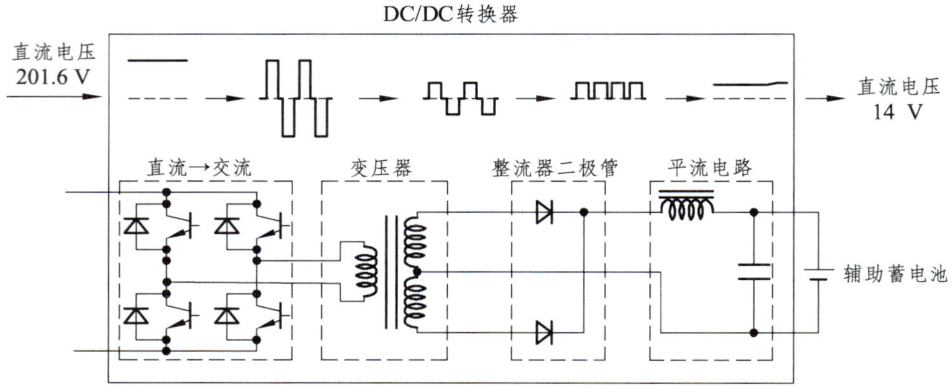

图 1-5-13　DC/DC 转换原理图

7. 驱动电机控制器自检

驱动电机管理系统（控制器）在控制驱动电机的同时，还会对驱动电机、相关的传感器以及自身控制模块进行实时自检。大多数混合动力汽车或纯电动汽车的驱动电机控制器主要在以下方面实施自检。

1）控制器供电和程序检测

（1）供电检测。

电机控制器内部会有来自车辆蓄电池的 12 V 参考电源，以运行驱动电机传感器及其他处理器。当连接的参考电源电压过低或过高时，控制器将会实行自我关闭，并对外输出诊断故障码。

（2）内部软件的自检测。

电机控制器内部包括有电机控制单元、逆变器控制单元等，这些部件都有集成电路及 CPU 单元，在正常运行过程中，系统会实施进行自我对其自身读、写存储器的能力进行监测，这属于控制器的内部故障检测，一般不能进行维修处理。

2）IGBT 性能检测

驱动电机控制器 MCU 会根据整车控制器 VCU 的指令，控制 IGBT 的接通和断开，从而实现驱动电机的输出或作为发电机工作。在对电机逆变的过程中，通过顺序启动 IGBT 的高电流开关晶体管，控制其相应的驱动电机或发电机的速度、方向和输出扭矩。同时，控制器会检测每个 IGBT 的故障情况，当发现相应故障后，会关闭逆变器功能。

3）驱动电机 U-V-W 相电流检测

由于驱动电机或发电机使用三相交流电运行，且 IGBT 通常会对应控制驱动电机或发电机的其中一个相，各相分别标识为 U、V、W。控制器通过监测连接到各驱动电机或发电机相的电流传感器，以便检测逆变器是否存在电流过大的故障。

大多数电流传感器是驱动电机控制器总成内部的一部分，无法单独维修。另外，由于所有的电机或发电机相电路是通过电气方式连接的，其电流总量应相同。电机控制器执行一次计算，以确认相电流传感器的精确性。如果 U-V-W 相电流传感器的相电流总量大致相同，则计算结果应接近零。如果 U-V-W 相电流相差较大，则会认为是故障。

4）电机温度检测

在大多数的电机控制器模块内部会设置有温度传感器，用于检测连接电机电缆的温度，以及模块自身集成电路的温度。温度传感器是一个热敏电阻，它的电阻值随温度而改变，具有负温度系数。这表示随着温度升高，电阻减小；随着温度降低，电阻增大。控制器通常向温度传感器提供一个 5 V 参考电压信号，并测量电路中的电压降。当被检测的电缆或集成电路温度低时，传感器电阻大，控制器模块检测到高电平信号电压。当温度升高时，传感器电阻减小，信号电压也降低。

5）驱动电机位置传感器的检测

驱动电机位置传感器由驱动电机控制器监测。根据旋转变压器型位置传感器信号，电机控制器监测驱动电机发电机转子的角位置、转速和方向。位置传感器包含一个主动线圈、两个从动线圈和一个不规则形状的金属转子。金属转子以机械方式固定在驱动电机发电机的轴上。车辆起动时，电机控制器输出一个 7 V 交流电、10 kHz 的励磁信号至驱动线圈。主动线圈励磁信号生成一个环绕两个从动线圈和不规则形状转子的磁场。然后，电机控制模块监测两个从动线圈电路，以获得一个返回信号。不规则金属转子的位置不同，使得从动线圈磁导返回信号的尺寸和形状也不同。通过对比两个从动线圈信号，电机控制器能够确定驱动电机发电机转子的精确位置、速度和方向。

6）控制器高压绝缘检测

驱动电机控制器利用若干内部传感器测量混合动力或纯电动汽车来自动力电池的高电压。

驱动电机控制器测试高电压正极电路或高电压负极电路和车辆底盘之间是否存在失去隔离的情况。当检测到电机控制器或者相关电路在动力电池输出高电压后，存在对车辆底盘的电阻过低情况，系统将会将这一情况反馈给整车控制器，并与整车控制器一起切断车辆的高电压，避免发生事故。

8. 驱动电机控制器运行时的注意事项

（1）电机系统上电顺序要求如下：在给电机控制器上高压电源之前，必须先将低压控制电源接通。断电时，先断开高压电源，再断开低压控制电源。

（2）电机控制器不能应用在与标称电压不符的电源上，这时控制器或者不能正常工作，或者被烧毁。

（3）电机控制器只能与车用动力电池组配套使用，不要使用整流电源。

（4）故障出现在电机及控制器的任何地方都有可能导致重大的设备损坏，甚至是严重的人身伤害（即存在潜在的危险故障）。因此，必须采取附加的外部预防措施（如主接触器）用于确保安全运行，即使在故障出现时也应如此。

（5）车辆停止使用或长期驻车时，需将高、低压电源断开。

（6）装有该型号电机及其控制器的电动车辆出现故障，被拖车拖走维修时必须保证该电动车辆挡位处于物理空挡位置，实现电机轴伸与变速箱输入的物理连接脱离，避免电机高压发电造成系统损坏以及安全事故。

任务工单

电机控制器数据流记录

<table>
<tr><td>初始故障码</td><td colspan="2"></td><td colspan="2"></td></tr>
<tr><td>清除后故障码</td><td colspan="2"></td><td colspan="2"></td></tr>
<tr><td>检查部位</td><td>测量值</td><td>参考值</td><td>判断</td><td>备注</td></tr>
<tr><td>驱动电机母线电压</td><td></td><td></td><td></td><td></td></tr>
<tr><td>驱动电机温度</td><td></td><td></td><td></td><td></td></tr>
<tr><td>IGBT 最高温度</td><td></td><td></td><td></td><td></td></tr>
<tr><td>电感最高温度</td><td></td><td></td><td></td><td></td></tr>
<tr><td>漏电传感器绝缘电阻</td><td></td><td></td><td></td><td></td></tr>
<tr><td>电池组总电压</td><td></td><td></td><td></td><td></td></tr>
<tr><td>单节电池最高电压</td><td></td><td></td><td></td><td></td></tr>
<tr><td>单节电池最低电压</td><td></td><td></td><td></td><td></td></tr>
<tr><td>单节电池电压采样状态</td><td></td><td></td><td></td><td></td></tr>
<tr><td>高压侧电压</td><td></td><td></td><td></td><td></td></tr>
<tr><td>低压侧电压</td><td></td><td></td><td></td><td></td></tr>
</table>

任务评价

1. 自 评

结合本组任务分配情况及操作要求，对任务执行过程中的操作规范性进行检查，检查操作过程中是否存在以下问题，分析讨论应如何避免并总结规范的操作方法和步骤。

检查项目	结果	
绝缘工具是否检查其绝缘性能及保质期	是□	否□
是否按规范做好个人安全防护措施	是□	否□
是否按规范对车辆进行防护	是□	否□
是否对车辆的高压部分做好绝缘防护，并妥善保管高压开关和车钥匙，并确认放电后母线电压	是□	否□
解码器是否正确操作	是□	否□
数据流读取是否有漏项	是□	否□
车辆、设备和工具是否复位	是□	否□
工作场地是否清洁	是□	否□

2. 互 评

组与组之间相互进行任务操作过程及结果检查，并把检查结果记录于下表。

检查项目	结果	
绝缘工具是否检查其绝缘性能及保质期	是□	否□
是否按规范做好个人安全防护措施	是□	否□
是否按规范对车辆进行防护	是□	否□
是否对车辆的高压部分做好绝缘防护，并妥善保管高压开关和车钥匙，并确认放电后母线电压	是□	否□
解码器是否正确操作	是□	否□
数据流读取是否有漏项	是□	否□
车辆、设备和工具是否复位	是□	否□
工作场地是否清洁	是□	否□

学习测试

1. 填空题

（1）变频器系统硬件主要包括__________、__________、__________和__________。控制电路通常由__________、__________、__________的输入输出电路、驱动电路等部分组成。

（2）__________的变流器就是整流器，其作用是把__________整流成__________。__________的变流器为逆变器。

（3）逆变器单元，逆变是和整流相对应的，它的主要功能是把__________转变成__________。

（4）逆变可以被分为两类，包括__________ 和 __________。

（5）当交流侧__________时，称之为有源逆变；当交流侧__________时，称之为无源逆变。

（6）电机控制器通过控制 DC/AC 逆变模块中的 __________的__________与__________将直流电转变为交流电。

2. 判断题

（1）DC/DC 转换器是直流-直流的电压变换器，用于将动力电池或逆变器产生的电能转换成 12 V 低压电能，用于给 12 V 蓄电池充电和车身电气设备供电。（　　）

（2）将 MCU 与 DC/DC 转换器集成化是目前纯电动汽车与混合动力汽车驱动电机管理模块发展的一个趋势，集成度更高的系统既节省了成本，也利于系统之间信息的共享与车辆部件位置的布置设计。（　　）

（3）比亚迪 E6 驱动电机控制器安装在前机舱右侧，靠近 DC/DC 转换器的位置。它类似于燃油车油量调节机构，都是通过调节油门踏板的幅度来进行车速和牵引力的控制。（　　）

（4）驱动电机控制器系统主要是由高压配电、控制器、驱动电机及相关的传感器组成，该系统核心为驱动电机控制器。（　　）

（5）电机系统上电顺序要求如下：在给电机控制器上高压电源之前，必须先将低压控制电源接通。断电时，先断开高压电源，再断开低压控制电源。（　　）

（6）电机控制器不能应用在与标称电压不符的电源上，这时控制器或者不能正常工作，或者会被烧毁。（　　）

（7）拆卸高压零部件前，必须做好防护措施。（　　）

（8）在维修新能源汽车中，所有黄色高压线都有高压互锁装置，需互锁到位。（　　）

（9）驱动电机管理系统（控制器）在控制驱动电机的同时，还会对驱动电机、相

关的传感器以及自身控制模块进行实时自检。（　　）

（10）在大多数的电机控制器模块内部会设置有温度传感器，用于检测连接电机电缆的温度，以及模块自身集成电路的温度。温度传感器是一个热敏电阻，它的电阻值随温度而改变，具有负温度系数。（　　）

（11）驱动电机位置传感器由驱动电机控制器监测。根据旋转变压器型位置传感器信号，电机控制器监测驱动电机发电机转子的角位置、转速和方向。（　　）

（12）驱动电机管理系统（控制器）发生故障时，可以利用故障检测仪器读取故障码和数据流。（　　）

3. 单选题

（1）驱动电机管理模块（控制器），通常简称为（　　），主要用于管理和控制驱动电机的运转速度、方向以及将驱动电机作为逆变电机发电。它的功能类似于传统汽车的发动机控制模块。

A. ABS　　B. MCU

C. ECU　　D. EBD

（2）目前使用在纯电动汽车上的驱动电机管理模块主要有两种类型，一种是仅用于控制驱动电机的，即 MCU；另一种是更具有集成控制功能的驱动电机管理模块，即 MCU 与 DC/DC 转换器功能，这类的驱动电机管理模块也被称为（　　）。

A. ECU　　B. ESP

C. EBD　　D. CPU

（3）比亚迪 E6 驱动电机控制器类型为电压型逆变器，利用（　　）将直流电转换为交流电，额定电压为 318 V，主要功能是控制电动机和发电机等根据不同工况控制电机的正反转、功率、扭矩、转速等。

A. IGBT　　B. FET

C. NPN　　D. PNP

（4）不属于防护装备的是（　　）。

A. 绝缘鞋　　B. 护目镜

C. 绝缘维修工具　　D. 工作服

项目 1 任务 5 资源

项目 2

电池系统功能检测与维修

项目描述

新能源汽车电池系统包括动力电池模组、电池管理系统、冷却系统和车载充电系统，那它是如何工作的呢？当电池系统出现故障时，该如何检修呢？本项目的主要内容是新能源汽车电池系统检测与维修，包含以下 4 个任务。

任务 1　电池管理系统的组成及功能

任务 2　动力电池冷却系统认识与检修

任务 3　车载充电系统部件检测维修

任务 4　动力电池性能检测维修

通过这 4 个任务的学习，掌握新能源汽车电池系统的组成与原理，能够对新能源汽车电池系统各项功能进行检测与维修。

任务 1　电池管理系统的组成及功能

情境引入

一辆比亚迪 E5 纯电动汽车出现故障无法行驶，你的主管初步判断是电池管理系统方面的问题，要求你利用诊断仪器进行进一步诊断。你能完成这个任务吗?

学习目标

◎ 知识目标

（1）能描述动力电池管理系统的功能。

（2）能描述动力电池管理系统的结构组成。

（3）能描述动力电池管理系统的主要控制参数。

（4）能描述动力电池管理系统的故障和对整车的影响。

◎ 技能目标

（1）能对动力电池管理系统进行故障诊断。

（2）能更换动力电池管理控制器。

◎ 素质目标

（1）树立正确的学习观、价值观，自觉践行行业道德规范；养成良好的操作习惯，能够按规范要求做好安全防护。

（2）遵规守矩，养成团结协助、各司其职做好检修工作的习惯。

（3）发扬一丝不苟、精益求精的工匠精神。

任务实施

1. 实施准备

（1）防护装备：安全防护装备。

（2）车辆、台架、总成：比亚迪 E5 整车或动力电池管理系统台架，或其他车型整车或台架。

（3）专用工具、设备：比亚迪故障诊断仪器。

（4）手工工具：无。

（5）辅助材料：警示标识和设备。

2. 实施步骤

以比亚迪 E5 为例，介绍动力电池管理系统诊断流程和动力电池管理控制器更换流程。

1）比亚迪 E5 动力电池管理系统故障诊断流程

（1）检查蓄电池电压及整车低压线束供电是否正常。

标准电压值：12 ~ 14 V，如果电压值低于 12 V，在进行第（3）步之前请充电或更换蓄电池或检查整车低压线束。

（2）对接好接插件，推动开关至整车上电挡“ON”，进入电池管理器故障代码诊断。故障代码见表 2-1-1。

（3）针对故障进行调整、维修或更换。

（4）确认测试。

（5）结束。

表 2-1-1　电池管理器故障代码

编号	DTC	描述	应检查部位
1	P1 A0000	严重漏电故障	检测动力电池、四合一、空调压缩机和 PTC
2	P1 A0100	一般漏电故障	检测动力电池、四合一、空调压缩机和 PTC
3	P1 A0200	BIC1 工作异常故障	采集器 1
4	P1 A0300	BIC2 工作异常故障	采集器 2
5	P1 A3500	动力电池单节电压严重过高	动力电池
6	P1 A3600	动力电池单节电压一般过高	动力电池
7	P1 A3700	动力电池单节电压严重过低	动力电池
8	P1 A3800	动力电池单节电压一般过低	动力电池
9	P1 A3900	动力电池单节温度严重过高	动力电池
10	P1 A3 A00	动力电池单节温度一般过高	动力电池
11	P1 A3B00	动力电池单节温度严重过低	动力电池
12	P1 A3C00	动力电池单节温度一般过低	动力电池

2）动力电池管理控制器更换流程

如果确认电池管理器有问题，导致车辆不能运行，按以下步骤进行拆卸。

（1）将车辆退电至“OFF”挡，等待 5 min。

（2）打开前舱盖。

（3）拔掉电池管理控制器上连接的动力电池采样线和整车低压线束的接插件，拔掉整车低压线束在电池管理控制器支架上的固定卡扣。

（4）用 10 号套筒扳手拆卸电池管理控制器的 3 颗固定螺母。

（5）更换电池管理器，插上动力电池采样线和整车低压线束的接插件，确认。

（6）用 10 号套筒扳手拧紧电池管理控制器的 3 颗固定螺母。

（7）整车上电，再次确认问题是否解决。

（8）结束。

知识链接

1. 引导问题：电池管理系统的功能是什么？

1）什么是电池管理系统

动力电池的能量储存与输出都需要模块来进行管理，即动力电池能量管理模块，也称为动力电池管理系统或动力电池能量管理系统，简称 BMS。图 2-1-1 所示是比亚迪 E5 电动汽车的电池管理系统。

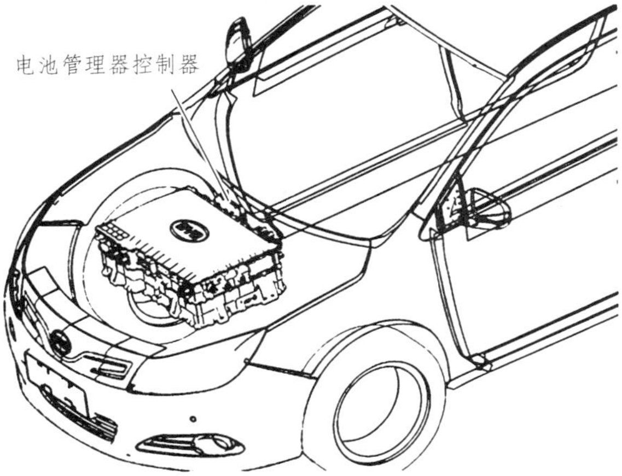

图 2-1-1 比亚迪 E5 电动汽车电池管理系统

2）电池管理系统的功能

电池管理系统（BMS）的作用：它是电池保护和管理的核心部件，在动力电池系统中，它相当于人的大脑。它不仅要保证电池安全可靠的使用，而且要充分发挥电池的能力和延长使用寿命，作为电池和整车控制器以及驾驶者沟通的桥梁，通过控制接触器控制动力电池组的充放电，并向 VCU 上报动力电池系统的基本参数及故障信息。

BMS 通过电压、电流及温度检测等功能实现对动力电池系统的过压、欠压、过流、过高温和过低温保护，继电器控制、SOC 估算、充放电管理、均衡控制、故障报警及处理、与其他控制器通信功能等功能。此外，电池管理系统还具有高压回路绝缘检测功能，以及为动力电池系统加热等功能。

动力电池能量管理系统的主要功能包括：数据采集、电池状态计算、能量管理、安全管理、热管理、均衡控制、通信功能和人机接口等。其控制方式如图 2-1-2 所示。

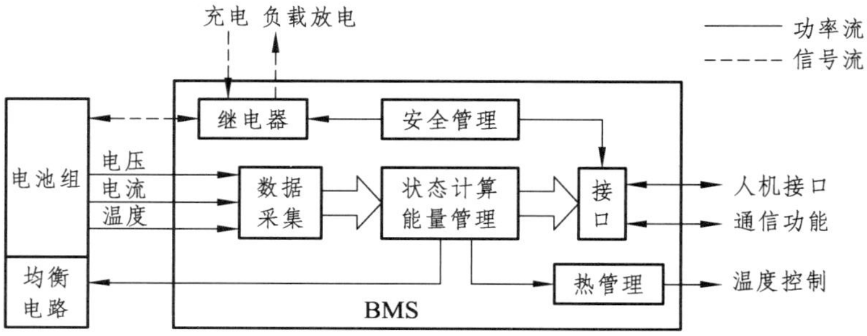

图 2-1-2　电池管理系统控制方式

（1）数据采集。电池管理系统的所有算法都是以采集的动力电池数据作为输入，采样速率、精度和前置滤波特性是影响电池系统性能的重要指标。电动汽车电池管理系统的采样速率一般要求大于 200 Hz（50 ms）。

（2）电池状态计算。电池状态计算包括电池组荷电状态（ State of Charge，SOC）和电池组健康状态（State of Health，SOH）两方面。SOC 用来提示动力电池组剩余电量，是计算和估计电动汽车续驶里程的基础。SOH 用来提示电池技术状态，预计可用寿命等健康状态的参数。

（3）能量管理。能量管理主要包括以电流、电压、温度、SOC 和 SOH 为输入进行充电过程控制，以 SOC、SOH 和温度等参数为条件进行放电功率控制两个部分。

（4）安全管理。监视电池电压、电流、温度是否超过正常范围，防止电池组过充电、过放电。现在，在对电池组进行整组监控的同时，多数电池管理系统已经发展到对极端单体电池进行过充电、过放电、过热等安全状态管理。

（5）热管理。在电池工作温度超高时进行冷却，低于适宜工作温度下限时进行电池加热，使电池处于适宜的工作温度范围内，并在电池工作过程中总保持电池单体间温度均衡。对于大功率放电和高温条件下使用的电池，电池的热管理尤为必要。

（6）均衡控制。由于电池的一致性差异导致电池组的工作状态是由最差电池单体决定的。在电池组各个电池之间设置均衡电路，实施均衡控制是为了使各单体电池充放电的工作情况尽量一致，提高电池组整体的工作性能。

（7）通信功能。通过电池管理系统实现电池参数和信息与车载设备或非车载设备的通信。为充放电控制、整车控制提供数据依据是电池管理系统的重要功能之一。根据应用需要，数据交换可采用不同的通信接口，如模拟信号、PWM 信号、CAN 总线或 12C 串行接口。

（8）人机接口。根据设计的需要设置显示信息以及控制按键、旋钮等。电池管理系统的主要工作原理可简单归纳为：数据采集电路采集电池状态信息数据后，由电子控制单元（ECU）进行数据处理和分析，然后电池管理系统根据分析结果对系统内的相关功能模块发出控制指令，并向外界传递参数信息。

2. 引导问题：动力电池管理系统由哪些部分组成？每一部分功能是什么？

动力电池管理系统（BMS）的组成可以分为硬件和软件两部分。硬件包括主板、从板及高压盒，还包括采集电压线、电流、温度等数据的电子器件。软件用于监测电池的电压、电流、SOC 值、绝缘电阻值、温度值，通过与 VCU、充电机的通信，来控制动力电池系统的充放电。BMS 系统结构原理如图 2-1-3 所示。

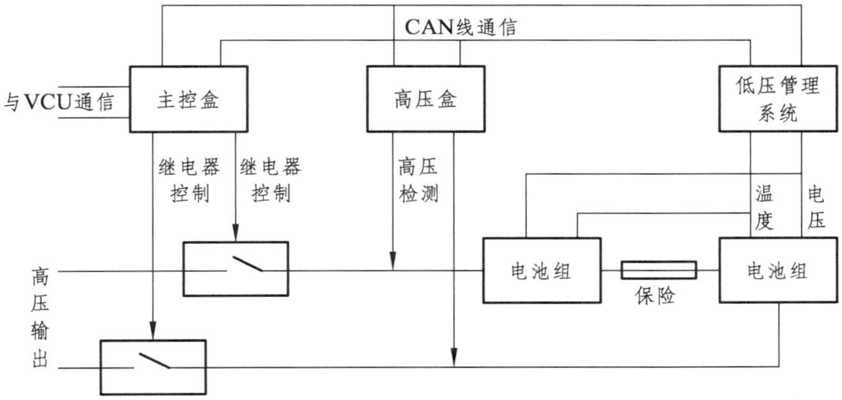

图 2-1-3　BMS 系统结构原理

动力电池模组放置在一个密封并且屏蔽的动力电池箱里面（图 2-1-4 和图 2-1-5），动力电池系统使用可靠的高低压接插件与整车进行连接。系统内的 BMS 实时采集各电芯的电压值、各温度传感器的温度值、电池系统的总电压值和总电流值，电池系统的绝缘电阻值等数据，并根据 BMS 中设定的阈值判定电池系统工作是否正常，并对故障实时监控。动力电池系统通过 BMS 使用 CAN 与 VCU 或充电机之间进行通信，对动力电池系统进行充放电等综合管理。

图 2-1-4　动力电池系统组成

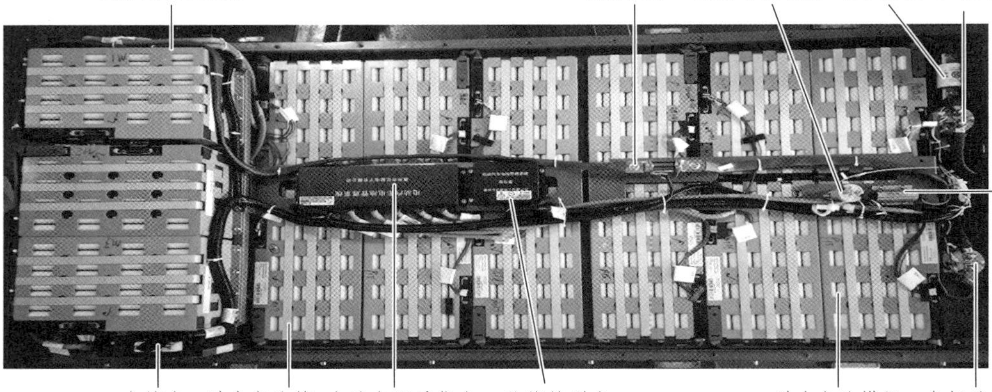

图 2-1-5　普莱德动力电池

1）主控盒

如图 2-1-6 所示，主控盒是一个连接外部通信和内部通信的平台，主要功能如下：

（1）接收电池管理系统反馈的实时温度和单体电压（并计算最大值和最小值）。

（2）接收高压盒反馈的总电压和电流情况。

（3）与整车控制器的通信。

（4）与充电机或快充桩通信。

（5）控制正、负主继电器。

（6）控制电池加热。

（7）唤醒应答。

（8）控制充/放电电流。

图 2-1-6　BMS 主控盒

2）高压盒

如图 2-1-7 所示，高压盒是“监控”动力电池的总电压和充、放电流及绝缘性能，主要功能如下：

（1）监控动力电池的总电压。

（2）监控动力电池的总电流。

（3）检测高压系统绝缘性能。

（4）监控高压连接情况。

（5）将以上监控到的数据反馈给主控盒。

图 2-1-7　北汽新能源 BMS 高压盒

3）电池低压管理系统

在动力电池系统中，BMS 低压线束负责连接动力电池和整车控制器，用来低压唤醒全车有控制器的高压部件，完成整车低压上电，主要用于传输电池的电压、电流、温度等信号，以及为电池管理系统提供电源连接。低压线束分类如图 2-1-8 所示。如图 2-1-9 所示，电池低压管理系统是“监控”动力电池的单体电压、电池组的温度，主要功能如下：

（1）监控每个单体电压反馈给主控盒。

（2）监控每个电池组的温度反馈给主控盒。

（3）检测高压系统绝缘性能。

（4）电量（SOC）值监测。

（5）将以上项目监控到的数据反馈给主控盒。

低压线束
- 电源线
- 搭铁线
- 网络线
- 控制信号线
- 传感器采样线
- ……

图 2-1-8　低压线束分类

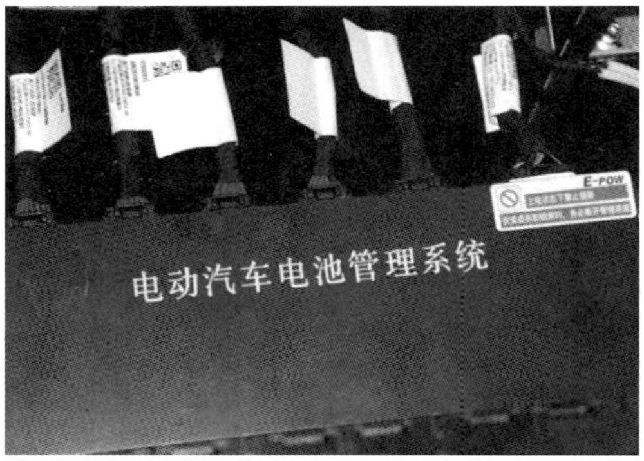

图 2-1-9　电池低压管理系统

3. 引导问题：动力电池管理系统主要控制参数有哪些？

北汽动力电池管理系统的低压和高压控制示意如图 2-1-10 和图 2-1-11 所示，主要控制充电系统原理如图 2-1-12 所示。

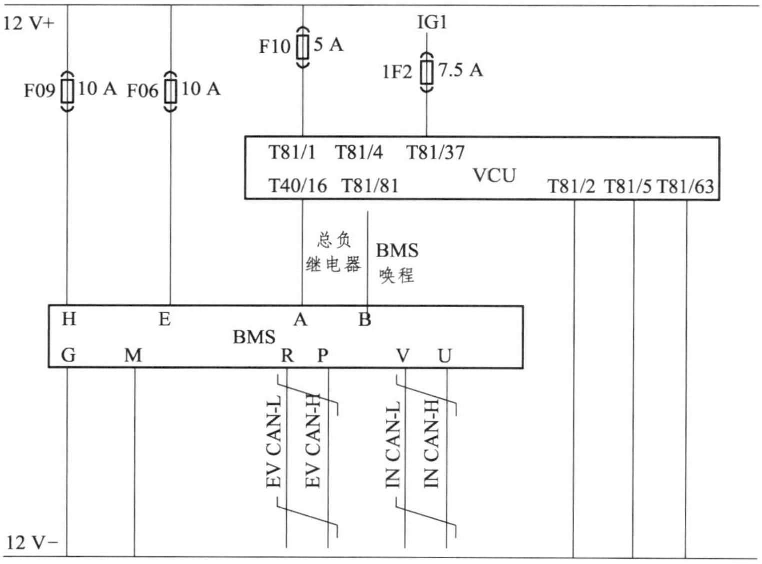

图 2-1-10　电池管理系统低压线束电路

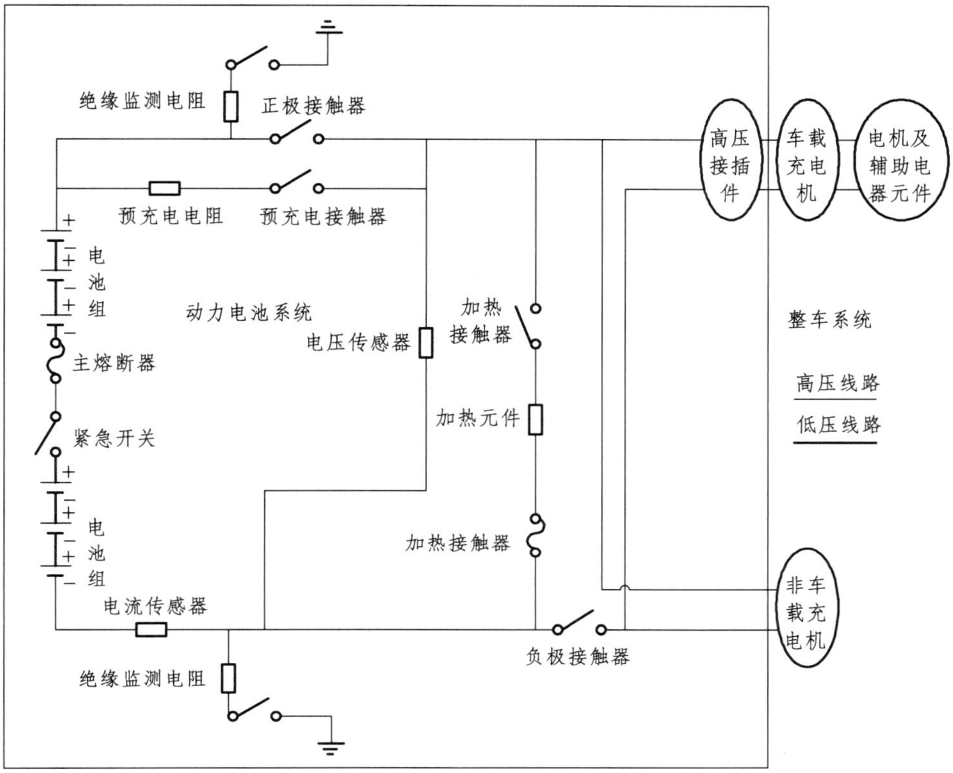

图 2-1-11　电池管理系统高压线束控制电路

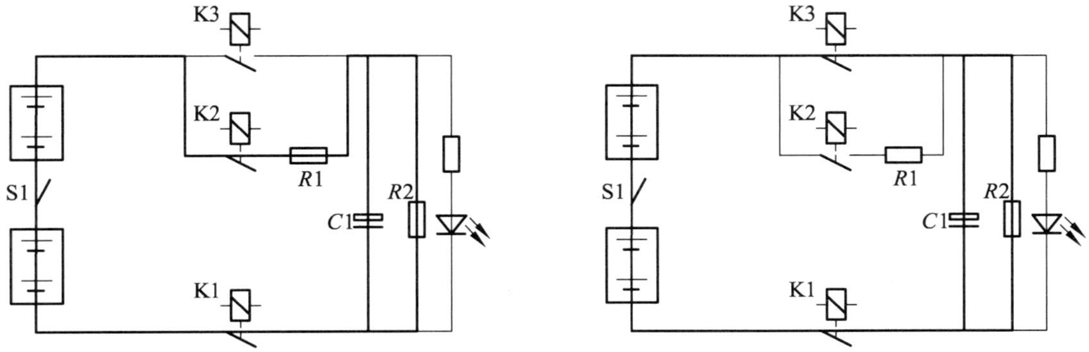

K1—负极继电器；K2—预充继电器；K3—正极继电器；C1—电容红线为电流流向；R1—预充电阻。

图 2-1-12　电池管理系统预充控制原理

1）充电电流与温度

北汽新能源电池管理系统采用车载充电机充电时，充电温度与充电电流要求见表2-1-2。

表 2-1-2 充电温度与充电电流要求（车载充电机）

温度/°C	小于0（加热）	0～55	大于55
可充电电流/A	0	10	0
备注：当单体最高电压高于额定电压0.4 V时，降低充电电流到5 A，当单体电压高于额定电压0.5 V时，充电电流为0 A，请求停止充电			

采用非车载充电机充电时，充电温度与充电电流要求见表2-1-3。

表 2-1-3 充电温度与充电电流要求（车载充电机）

温度/°C	小于5（加热）	5～15	15～45	大于45
可充电电流/A	0	20	50	0
备注：恒流充电至单体电压高于额定电压0.3 V以后转为恒压充电方式				

2）充电加热与保温

对于有加热功能的动力电池，充电加热与保温的要求如下：

（1）充电加热。

充电加热要求见表2-1-4。

表 2-1-4 充电加热要求

充电状态	车载充电机（慢充）	非车载充电机（快充）
温度/°C	小于0（加热）	小于5（加热）

① 慢充时低于0 °C的温度点，启动加热模式：闭合加热片，待所有电芯温度点高于5 °C，停止加热，启动充电程序，过程中出现电芯温度差高于20 °C，则间歇停止加热，待加热片温度差低于15 °C，则重启加热片。

② 加热过程中，正常情况下充电桩电流显示为4～6 A。

③ 充电过程中充电桩电流显示为12～13 A。

④ 如果单体压差大于300 mV，则停止充电，报充电故障。

⑤ 快充时低于等于5 °C的温度点，启动加热模式：电芯温度数据与慢充相同；如果充电过程中最低温度不大于5°C，则停止充电模式，也不重新启动加热模式。

（2）保温策略。

① 充电保温只发生在车载充电完成后。

② 充电完成后，电池温度不大于 5 °C 时进入保温模式，若电池温度大于 5 °C，电池进入静置状态。

③ 保温策略以保温 2 h 为唯一截止条件。

④ 保温过程中：电池温度 上升至不小于 8 °C 时，电池进入静置状态。

⑤ 保温过程中，如果电池温差超过 20 °C，电池进入静置状态直至温差低于 10 °C 再次启动加热。

3）放电状态具备条件

动力电池管理系统对动力电池放电的控制，需同时满足以下条件：

（1）动力电池内部条件。

① 储电能量大于 10%（SOC）。

② 电池温度在 – 20 ~ 45 °C。

③ 单体电芯温度差小于 25 °C。

④ 实际单体最低电压不小于额定单体电压 0.4 V。

⑤ 单体电压差小于 300 mV。

⑥ 绝缘性能大于 500　Ω/1 V。

⑦ 动力电池内部低压供电、通信正常。

⑧ 电动电池监测系统工作正常（电压、电流、温度、绝缘）。

（2）动力电池外部条件。

① BMS 常电供电正常（12 V 正负极）。

② “ON”信号正常。

③ VCU 唤醒信号正常。

④ CAN 线通信正常（新能源 CAN 线）。

⑤ 高压线束连接正常。

⑥ 高压线束及电气设备绝缘性能大于 500　Ω/1 V。

⑦ 充电连接确认信号线或充电唤醒信号无短路（VCU 到充电机或充电连接线束）。

需要特别注意的是，当动力电池报一级故障时无法放电。

4）充电状态具备条件

动力电池管理系统对动力电池充电的控制，需同时满足以下条件：

（1）车载充电机（慢充）。

① BMS 常电供电正常（12 V 正负极）。

② “ON”信号正常。

③ 充电唤醒信号正常。

④ CAN 线通信正常（新能源 CAN 线）。

⑤ 高压线束连接正常。

⑥ 高压线束及电气设备绝缘性能大于 500 Ω/1 V。

⑦ 动力电池温度高于 0 °C。

⑧ 动力电池内部无故障。

（2）非车载充电机（快充）。

① BMS 常电供电正常（12 V 正负极）。

② “ON”信号正常。

③ 充电唤醒信号正常。

④ CAN 线通信正常（新能源 CAN 线）。

⑤ 高压线束连接正常。

⑥ 高压线束及电气设备绝缘性能大于 500 Ω/1 V。

⑦ 动力电池温度高于 5 °C。

⑧ 动力电池软件版本与充电桩软件版本匹配。

⑨ 动力电池与充电桩通信不超时。

⑩ 动力电池内部无故障。

4. 引导问题：动力电池管理系统主要故障有哪些？

以比亚迪 E5 汽车为例解读测量数据和故障，其电池管理控制器接插件定义如图 2-1-13 所示。

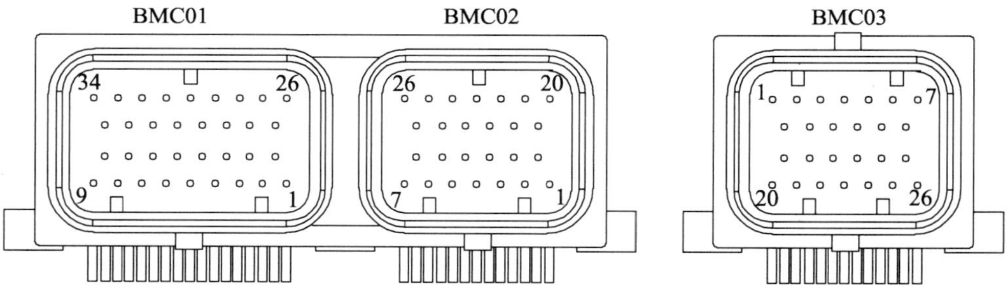

图 2-1-13　比亚迪 E5 电池管理控制器接插件定义

数据测量步骤：

（1）断开动力电池管理器连接器。

（2）测量线束端输入电压。

（3）接回电池管理器连接器。

（4）测量各端子值，见表 2-1-5。

表 2-1-5　BMS 各端子正常值

连接端子	端子描述	线色	条件	正常值
BMC01-1—GND	高压互锁输出端信号	W	ON 挡/OK 挡/充电	PWM 脉冲信号
BMC01-1—GND	一般漏电信号	L/W	一般漏电	小于 1 V
BMC01-1—GND	严重漏电信号	Y/G	严重漏电	小于 1 V
BMC01-1—GND	主接触器拉低控制信号	Br	整车上高压电	小于 1 V
BMC01-1—GND	12 V 蓄电池正	G/R	ON 档/OK 档/充电	9～16 V
BMC01-1—GND	直流霍尔信号	W/B	电源 ON 档	0～4.2 V
BMC01-1—GND	整车低压地	B	始终	小于 1 V

电池管理控制器故障代码见表 2-1-6。

表 2-1-6　故障代码

编号	DTC	描述	应检查部位
1	P1A0000	严重漏电故障	检测动力电池、四合一、空调压缩机和 PTC
2	P1A0100	一般漏电故障	检测动力电池、四合一、空调压缩机和 PTC
3	P1A0200	BIC1 工作异常故障	采集器 1
4	P1A0300	BIC2 工作异常故障	采集器 2
5	P1A0400	BIC3 工作异常故障	采集器 3
6	P1A0500	BIC4 工作异常故障	采集器 4
7	P1A0600	BIC5 工作异常故障	采集器 5
8	P1A0700	BIC6 工作异常故障	采集器 6
9	P1A0800	BIC7 工作异常故障	采集器 7
10	P1A0900	BIC8 工作异常故障	采集器 8
11	P1A3500	动力电池单节电压严重过高	动力电池
12	P1A3600	动力电池单节电压一般过高	动力电池
13	P1A3700	动力电池单节电压严重过低	动力电池
14	P1A3800	动力电池单节电压一般过低	动力电池
15	P1A3900	动力电池单节温度严重过高	动力电池
16	P1A3A00	动力电池单节温度一般过高	动力电池
17	P1A3B00	动力电池单节温度严重过低	动力电池
18	P1A3C00	动力电池单节温度一般过低	动力电池

任务工单

1. 纯电动车辆信息记录

品牌		整车型号		生产日期		行驶里程	
驱动电机型号				额定功率			
动力电池额定电压				额定容量			
制冷剂型号				电动压缩机油型号			
车辆识别码							

2. 检测蓄电池电压及低压线速供电

位置	标准电压	实测电压	判断
蓄电池电压			正常□　异常□
整车低压线速供电			正常□　异常□

3. 读取动力电池系统数据流

故障码代码		
参数名称	静止工况数据	判定
电池包实际 SOC 标定值		正常□　异常□
电池组当前总电流		正常□　异常□
电池组当前总电压		正常□　异常□
电池组平均温度		正常□　异常□
绝缘电阻		正常□　异常□
累计充电电量		正常□　异常□
最大允许充电功率		正常□　异常□
最大允许放点功率		正常□　异常□
最低单节电池电压		正常□　异常□
最高温度		正常□　异常□

任务评价

1. 自 评

结合本组任务分配情况及操作要求，对任务执行过程中的操作规范性进行检查，检查操作过程中是否存在以下问题，分析讨论应如何避免并总结规范的操作方法和步骤。

检查项目	结果
绝缘工具是否检查其绝缘性能及保质期	是□　　否□
是否按规范做好个人安全防护措施	是□　　否□
是否按规范对车辆进行防护	是□　　否□
是否对车辆的高压部分做好绝缘防护，并妥善保管高压开关和车钥匙，并确认放电后母线电压	是□　　否□
举升机是否按规范操作，是否注意人身安全	是□　　否□
车辆、设备和工具是否复位	是□　　否□
工作场地是否清洁	是□　　否□

2. 互 评

组与组之间相互进行任务操作过程及结果检查，并把检查结果记录于下表。

检查项目	结果
绝缘工具是否检查其绝缘性能及保质期	是□　　否□
是否按规范做好个人安全防护措施	是□　　否□
是否按规范对车辆进行防护	是□　　否□
是否对车辆的高压部分做好绝缘防护，并妥善保管高压开关和车钥匙，并确认放电后母线电压	是□　　否□
举升机是否按规范操作，是否注意人身安全	是□　　否□
车辆、设备和工具是否复位	是□　　否□
工作场地是否清洁	是□　　否□

学习测试

1. 填空题

（1）动力电池能量管理系统功能包括________、电池状态计算、________、安全管理、热管理、均衡控制、________和人机接口等。

（2）电池管理系统的所有算法都是以采集的________作为输入，________、精度和前置滤波特性是影响电池系统性能的重要指标。

（3）电池状态计算包括电池组________和电池组________两方面。

（4）电池单体________是动力电池组管理系统中的重要一环，其性能好坏或精度高低决定了系统对电池状态信息判断的准确程度。

（5）为了平衡电池组中单体电池的________和________差异，提高电池组的能量利用率，在电池组的充放电过程中需要使用均衡电路。

2. 判断题

（1）电池组的工作状态是由最好的电池单体决定的。 （ ）

（2）电池的工作温度不仅影响电池的性能，而且直接关系电动汽车使用的安全问题。 （ ）

（3）每个电池单体上都始终串联一个分流电阻。 （ ）

（4）热传导主要发生在电池表面，与电池表面材料的性质相关。 （ ）

（5）电安全管理系统主要包括烟雾报警、绝缘检测、自动灭火、过电压和过电流控制、过放电控制、防止温度过高、在发生碰撞的情况下关闭电源等功能。 （ ）

（6）动力电池管理系统主控制功能要包括：数据采集、电池状态计算、能量管理、安全管理、热管理、均衡控制、通信功能和人机接口等。 （ ）

（7）动力电池管理系统（BMS）的组成可以分为硬件和软件。 （ ）

（8）电池低压管理系统的功用是“监控”动力电池的单体电压、电池组的温度。 （ ）

（9）在 BMS 的更换过程中，拆卸时注意螺栓与配件的拆卸，防止模组掉落引发内部短路事故。 （ ）

（10）在安装插接器时，要注意观察与插口是否对应，安装好插接器，需要检查是否安装到位。 （ ）

（11）动力电池管理系统（BMS）出现故障时，仪表盘通常会点亮故障指示灯。（ ）

（12）关于比亚迪 E5 动力电池管理系统的故障，在连接故障诊断仪之前，需要对蓄电池电压及整车的低压线束的供电进行检查。 （ ）

（13）汽车诊断仪通常是在点火钥匙在“ON”挡的时候，直接连接上去的。（　　）

3. 单选题

（1）动力电池的能量储存与输出都需要模块来进行管理，即动力电池能量管理模块，也称为动力电池管理系统，或动力电池能量管理系统，简称（　　）。

A. BBC

B. ABS

C. BMS

D. EPS

（2）（　　）主要包括以电流、电压、温度、SOC 和 SOH 为输入进行充电过程控制，以 SOC、SOH 和温度等参数为条件进行放电功率控制两个部分。

A. 能量管理

B. 安全管理

C. 热管理

D. 以上都不对

（3）下面说法错误的是（　　）。

A. 动力电池管理系统的硬件包括主板、从板及高压盒，还包括采集电压线、电流、温度等数据的电子器件。

B. 动力电池管理系统的软件用于监测电池的电压、电流、SOC 值、绝缘电阻值、温度值，通过与 VCU、充电机的通信，来控制动力电池系统的充放电。

C. 接收电池管理系统反馈的实时温度和单体电压（并计算最大值和最小值）是高压盒的主要功能之一。

D. 高压盒是“监控”动力电池的总电压和充、放电流及绝缘性能。

（4）不属于安全防护装备的是（　　）。

A. 绝缘手套

B. 绝缘工具

C. 绝缘鞋

D. 非化纤类衣服

（5）属于动力电池管理系统采集的主要控制参数的是（　　）。

A. 充电电流与温度

B. 充电加热与保温

C. 放电状态具备条件

D. 以上都不是

（6）不属于动力电池内部条件的内容是（　　）。

A. 储电能量大于 10%

B. 电池温度在 – 20 ~ 45 °C。

C. 高压线束连接正常。

D. 单体电芯温度差小于 25 °C。

（7）不属于车载慢充的条件是（　　）。

A. 动力电池软件版本与充电桩软件版本匹配

B. “ON” 信号正常

C. 充电唤醒信号正常

D. 高压线束连接正常

（8）根据故障对整车的影响，动力电池管理系统故障划分为（　　）个等级。

A. 2

B. 3

C. 4

D. 5

（9）动力电池上报该故障会造成整车进入跛行、暂时停止能量回馈、停止充电。动力电池正常工作下不会上报该故障，BMS 一旦上报该故障表明动力电池某些硬件出现故障或动力电池处于非正常工作的条件下，该故障属于（　　）故障。

A. 一级　　B. 三级

C. 二级　　D. 四级

（10）汽车故障诊断仪通常具有的功能是（　　）。

A. 读取故障码　　B. 读取数据流

C. 对执行器进行动作测试　　D. 查看波形

4. 不定项选择题

（1）电池管理系统的所有算法都是以采集（　　）作为输入。

A. 动力电池电压

B. 动力电池数据

C. 动力电池温度

D. 动力电池质量

（2）电池管理系统的主要功能是监测（　　）。

A. 电压

B. 电流

C. 温度

D. 计算 S0C 和最大功率

（3）电池工作电流采集方式有（　　）。

A. 分流器

B. 互感器

C. 霍尔元件电流传感器

D. 光纤传感器

（4）根据均衡过程中对所传递的能量的处理方式不同，均衡电路可以分为（　　）。

A. 能量耗散型均衡

B. 非能量耗散型

C. 加热型

D. 多方式综合型

（5）电池内热传递方式主要有（　　）。

A. 热传导

B. 对流换热

C. 辐射换热

D. 热交互

项目 2 任务 1 资源

任务 2 动力电池冷却系统认识与检修

情境引入

一辆北汽 EV160 纯电动汽车的动力电池冷却水泵有故障，需要排除，你能完成这项任务吗？

学习目标

◎ 知识目标

（1）能描述动力电池的发热原因及冷却系统的作用。

（2）能描述动力电池冷却系统的冷却形式。

（3）能描述纯电动汽车动力电池冷却系统的结构组成。

◎ 技能目标

（1）能认识动力电池冷却系统的结构组成。

（2）能排除动力电池冷却系统故障。

◎ 素质目标

（1）树立正确的学习观、价值观，自觉践行行业道德规范；养成良好的操作习惯，能够按规范要求做好安全防护。

（2）遵规守矩，养成团结协助、各司其职做好检修工作的习惯。

（3）发扬一丝不苟、精益求精的工匠精神。

任务实施

1. 实施要求

本任务主要学习动力电池冷却系统的检修，内容为水泵不工作故障排除。

2. 实施准备

（1）防护装备：安全防护装备。

（2）车辆、台架、总成：北汽新能源整车或台架，或其他车型整车或台架。

（3）专用工具、设备：汽车专用电表。

（4）手工工具：绝缘拆装组合工具。

（5）辅助材料：警示标识和设备；绝缘地胶；清洁剂。

3. 实施步骤

水泵不工作故障排除。

1）取下水泵保险丝。

（1）取下车钥匙，如图 2-2-1 所示。

图 2-2-1　取下车钥匙

（2）拆下辅助蓄电池负极，如图 2-2-2 所示。

图 2-2-2　拆下了辅助蓄电池负极

（3）取下保险丝盒盖，如图 2-2-3 所示。

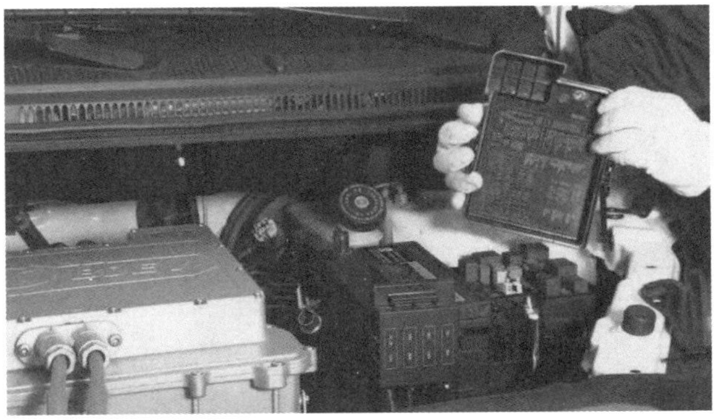

图 2-2-3　取下保险丝盒盖

（4）取下保险片夹子，如图 2-2-4 所示。

图 2-2-4　取下保险片夹子

（5）取下 MB02（20 A）水泵保险丝，如图 2-2-5 所示。

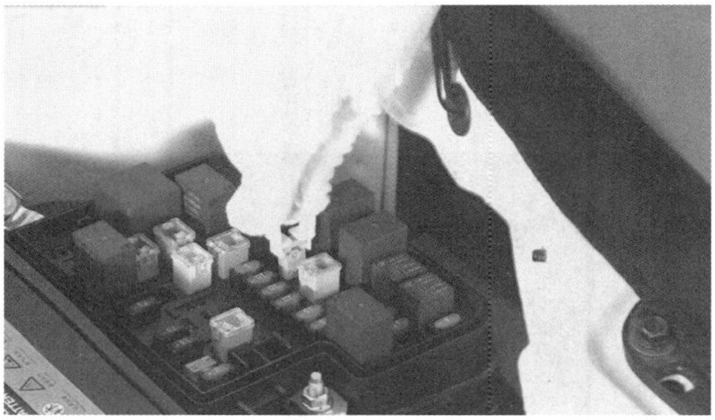

图 2-2-5 取下 MB02（20 A）水泵保险丝

（6）安装保险片夹子。

（7）取下 R05 水泵继电器，如图 2-2-6 所示。

图 2-2-6　取下 R05 水泵继电器

2）检测保险丝

（1）打开万用表，将万用表选择旋钮旋至电阻挡，如图 2-2-7 所示。

图 2-2-7　使用万用表电阻挡

（2）将红表笔与黑表笔紧靠在一起，阻值为 0.1 Ω。

（3）红表笔和黑表笔分别连接保险丝两个端子，测量值为 0.6 Ω，说明保险丝正常无损坏，如图 2-2-8 所示。

（4）收起红表笔和黑表笔。

（5）关闭万用表。

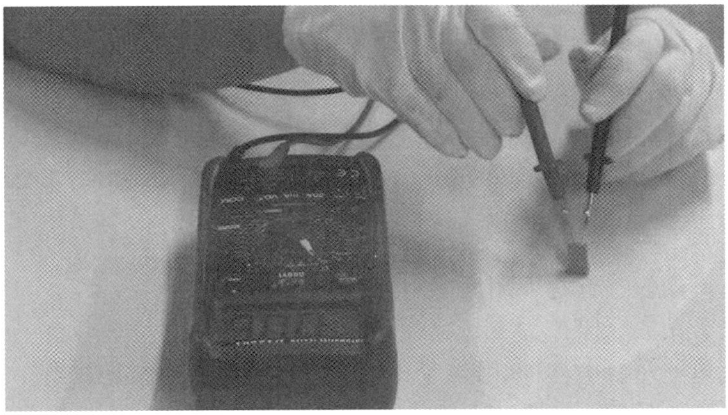

图 2-2-8　红表笔和黑表笔分别连接保险丝端子

注意事项：

测量电阻前，万用表必须进行校零。

3）测量保险丝到继电器端线路的通断

（1）检测保险丝到继电器 30 号端子的线路通断。

① 打开万用表，将万用表选择旋钮旋至电阻挡。

② 校对万用表，阻值为 0.1 Ω（正常阻值应小于 1 Ω）。
③ 红表笔连接继电器 30 号端子，黑表笔连接保险丝 MB02 号端子。
④ 测量值为导通（正常值为导通）。
（2）检测保险丝到继电器 86 号端子的线路通断，如图 2-2-9 所示。
① 红表笔连接继电器 86 号端子。
② 黑表笔连接保险丝 MB02 号端子。
③ 测量值为导通（正常值为导通）。
④ 收起红表笔和黑表笔，关闭万用表。

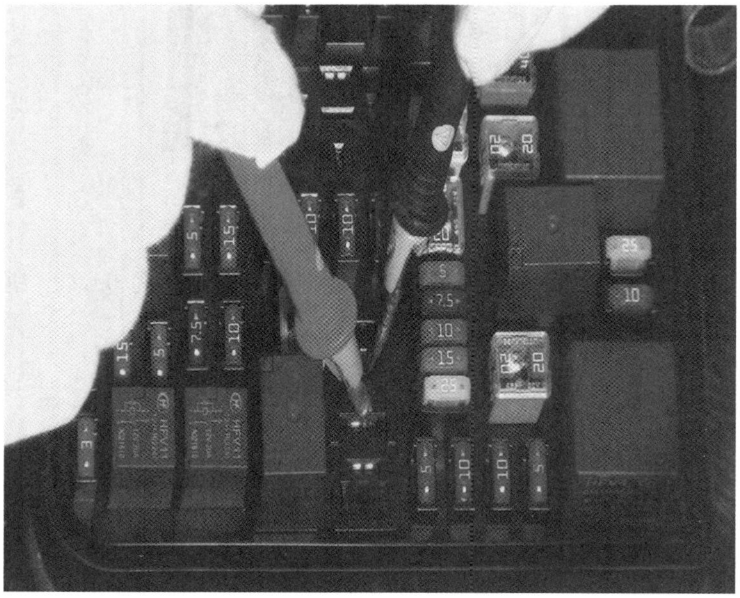

图 2-2-9　检测保险丝到继电器 86 号端子的线路通断

4）测量继电器到电子水泵线路的通断

（1）打开万用表，选择万用表电阻挡。
（2）校对万用表，阻值为 0.1 Ω。
（3）黑表笔连接继电器 87 号端子，红表笔连接电子水泵插接器 1 号脚。
（4）测量值为导通，正常（正常值为导通）。
（5）收起红表笔和黑表笔。
（6）关闭万用表。

5）测量继电器到控制单元 VCU 的线路通断

（1）拆卸控制单元 VCU 插接器，如图 2-2-10 所示。
（2）打开万用表，选择万用表电阻挡。
（3）校对万用表，阻值为 0.1 Ω（正常阻值应小于 1 Ω）。

（4）红表笔连接水泵继电器 85 号线束端子，黑表笔连接控制单元 VCU 115 号端子。

（5）测量值为导通，正常（正常值为导通）。

（6）收起红表笔和黑表笔，关闭万用表。

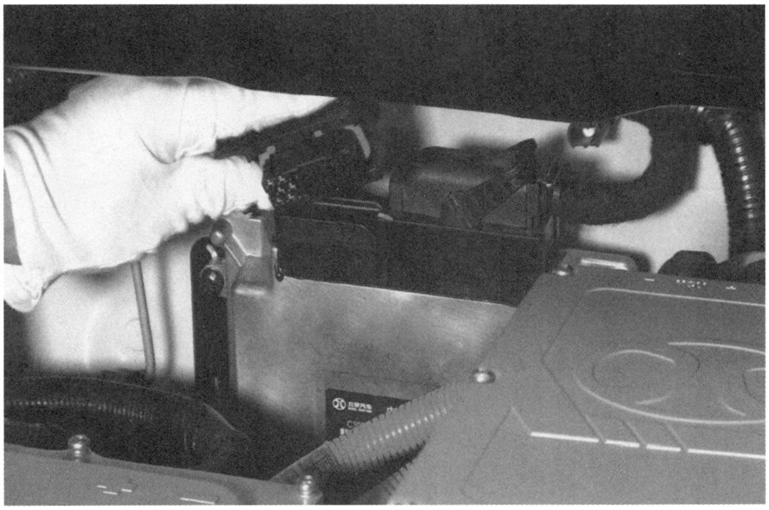

图 2-2-10 拆卸控制单元 VCU 插接器

6）检查控制单元 VCU 线路的通断

（1）打开万用表，选用万用表电阻挡。

（2）校对万用表，阻值为 0.1 Ω（正常阻值应小于 1 Ω）。

（3）黑表笔连接控制单元 VCU115 号端子，红表笔连接车身搭铁，如图 2-2-11 所示。

（4）测量值为导通，正常（正常值为导通）。

（5）收起红表笔和黑表笔，关闭万用表。

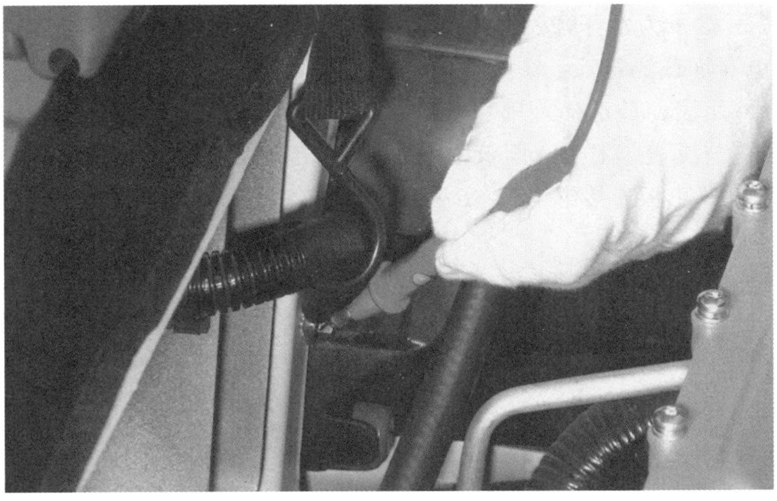

图 2-2-11 检查控制单元 VCU 线路的通断

7）检测继电器是否正常

（1）检测继电器线圈电阻。

① 打开万用表，并选择万用表电阻挡。

② 校对万用表，阻值为 0.1 Ω（正常阻值应小于 1 Ω）。

③ 红表笔连接继电器 85 号端子，黑表笔连接继电器 86 号端子，如图 2-2-12 所示。

图 2-2-12 检测继电器线圈电阻

④ 测量值 76.6 Ω（正常值范围：75 ~ 80 Ω）。

（2）检测继电器线圈绝缘性。

① 紧靠红表笔与黑表笔对表，阻值为 0.1 Ω（正常阻值应小于 1 Ω）。

② 红表笔连接继电器 85 号线束端子，黑表笔分别连接继电器 30 和 87 号端子。

③ 测量值为无限大，正常（正常应无限大）。

④ 黑表笔分别连接继电器 86 号端子，红表笔分别连接继电器 30 和 87 号端子。

⑤ 测量值为无限大，正常（正常应无限大）。

⑥ 收起红表笔和黑表笔，关闭万用表。

注意事项：

30 和 87 号端子为常开开关、测量值应为无限大。

（3）继电器加载测量。

① 打开万用表，并选择万用表电阻挡。

② 红表笔与黑表笔对表，阻值为 0.1 Ω（正常阻值应小于 1 Ω）。

③ 12 V 电源正板连接继电器 86 号端子，12 V 电源负板连接继电器 85 号端子，如图 2-2-13 所示。

④ 打开模拟 12 V 电源开关。

⑤ 黑表笔连接继电器 30 号端子，红表笔连接继电器 87 号端子，测量值为导通（正常应导通）。

⑥ 收起红表笔和黑表笔，关闭万用表。

⑦ 收起模拟 12 V 电源正负极线，关闭模拟 12 V 电源开关。

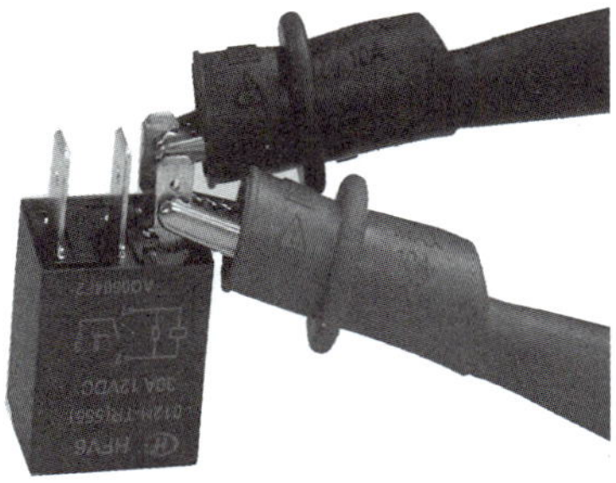

图 2-2-13　继电器加载测量

8）安装蓄电池负极

使用 10 mm 扳手紧固蓄电池负极线固定螺栓。（标准力矩：10 N · m）

9）检测保险丝电源电压（图 2-2-14）

（1）打开万用表，选择万用表电压挡。

（2）红表笔连接保险丝 MB02 号电源端子，黑表笔连接低压蓄电池负极端子。

（3）测量值为低压蓄电池电源电压，正常（正常值为低压蓄电池电源电压）。

（4）收起红表笔和黑表笔。

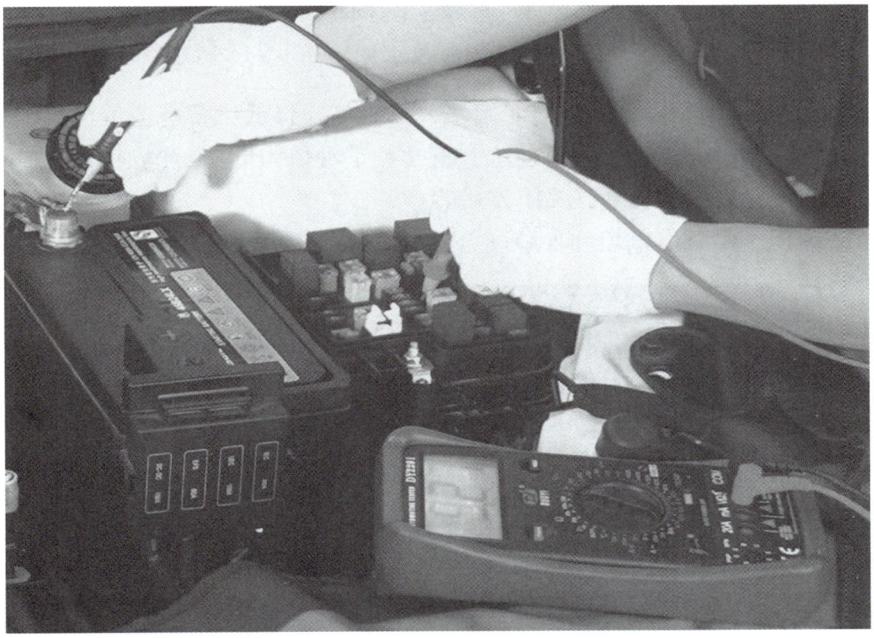

图 2-2-14　检测保险丝电源电压

10）检测继电器电源电压（图 2-2-15）

（1）安装 MB02（20 A）水泵保险丝。

（2）打开万用表，选择万用表电压挡。

（3）红表笔连接继电器 86 号电源端子，黑表笔连接低压蓄电池负极端子。
（4）测量值为低压蓄电池电源电压，正常（正常值为低压蓄电池电源电压）。

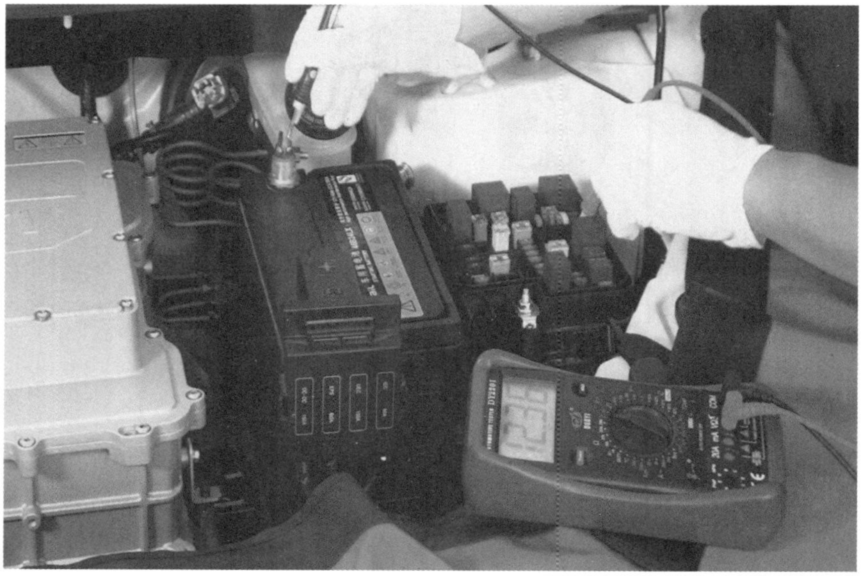

图 2-2-15　检测继电器电源电压

（5）收起红表笔和黑表笔。
（6）红表笔连接继电器 30 号电源端子，黑表笔连接低压蓄电池负极端子。
（7）测量值为低压蓄电池电源电压，正常（正常值为低压蓄电池电源电压）。
（8）收起红表笔和黑表笔，关闭万用表。
（9）安装 R05 水泵继电器和保险丝盒盖，如图 2-2-16 所示。

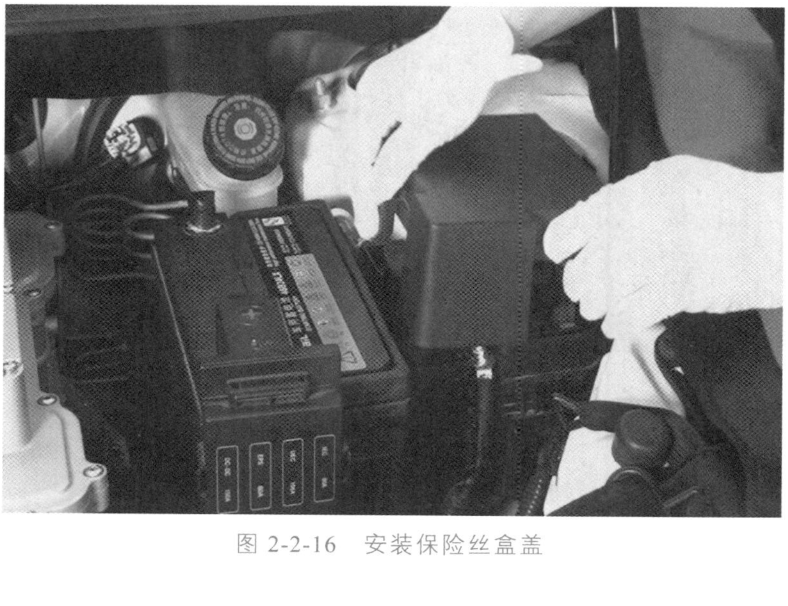

图 2-2-16　安装保险丝盒盖

知识链接

1. 引导问题：动力电池会像手机电池一样发热吗？

1）动力电池发热的原因

动力电池作为电动汽车的动力能源，其充电、放电的发热一直阻碍着电动汽车的发展。动力电池的性能与电池温度密切相关，50 °C 以上的高温会明显加速电池的衰老，更高的温度（如 120 ~ 150 °C）则会引发电池热失控。下面以镍氢电池为例，介绍电池发热的原因。

镍氢电池的电化学反应原理决定了镍氢电池在充放电过程中会生热。生热因素主要有 4 个：电池化学反应生热、电池极化生热、过充电副反应生热以及内阻焦耳热。

如果把电池内部所有的物质如活性物质、正极和负极、隔板等假定为一个具有相同特性的整体，电池内部的热传导性非常好，使电池内部单元等温。但由于电池壳体基本不产生热量，因而其温度与电池内部的温度非常接近。由表 2-2-1 可以看出，电池经过变电流充放工况后，电池的最高温度和最低温度与电池平均温度之差在 4.2 °C 左右，电池的最高温度在 35.5 °C 左右。

表 2-2-1　放电前后电池箱电池温度对照

工况	最高温度/°C	最低温度/°C	平均温度/°C
放电前	30.2	29.2	29.7
放电后	35.5	32.3	33.9

2）动力电池冷却系统的作用

动力电池组的工作状态：

（1）电池组在充放电时会释放一定的热量，故需要对电池组进行冷却。

（2）在低温环境下，需要对电池组进行加热处理，以提高运行效率。

动力电池组采用冷却系统的作用为通过对动力电池组冷却或加热，保持动力电池组较佳的工作温度，以改善其运行效率并提高电池组的寿命。图 2-2-17 所示为动力电池组的热管理系统组成，热管理系统可以根据需要对电池组进行冷却或加热。

需要特别说明的是，目前国内常见的绝大多数新能源汽车的电机及控制器都采用冷却系统。但除了少数车型（如荣威汽车）以外，基本上没有专门的动力电池冷却系统。原因有二：一方面，冷却系统增加了电池组的体积，会消耗电池的一部分能量；另一方面，国内车型对动力电池的材料进行了改进，并利用控制程序进行修正，对电池工作环境要求不高。当然，这是以损耗电池寿命为代价的。

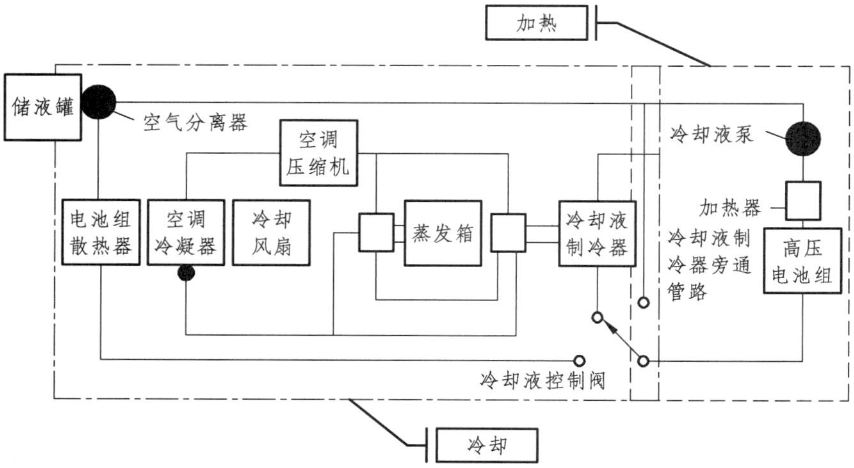

图 2-2-17 动力电池组热管理系统组成

2. 引导问题：动力电池冷却系统的冷却形式有哪些？

除了极少数车型没有采用冷却系统以外，目前应用在动力电池上的冷却方式有水冷和风冷两种。

1）水冷动力电池冷却系统

水冷动力电池冷却系统结构如图 2-2-18 所示，主要部件包括散热器、膨胀水箱、电子水泵、VCU（或 HPCM2，混动车型）、冷却液控制阀、加热器和冷却管路等。

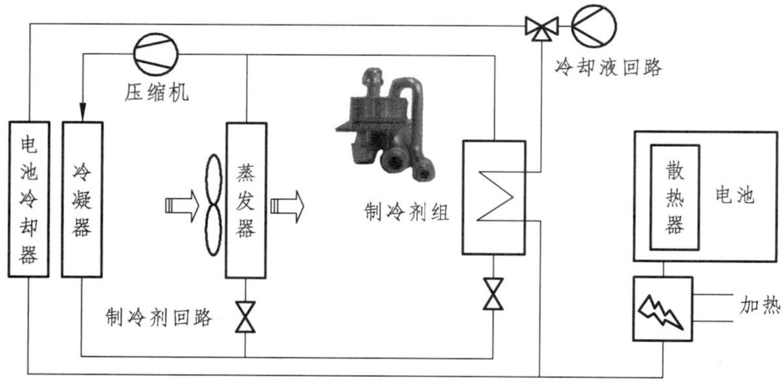

图 2-2-18 水冷式动力电池冷却系统

水冷动力电池冷却系统优点：电池平均能量效率高；电池模块结构紧凑；冷却效果优异；能集成电池加热组件，解决了在环境温度很低的情况下，加热电池的问题。

缺点：系统复杂，增加了很多部件，如水泵、阀、低温水箱，成本增加。

2）风冷动力电池冷却系统

风冷动力电池冷却系统结构和原理分别如图 2-2-19 和图 2-2-20 所示。

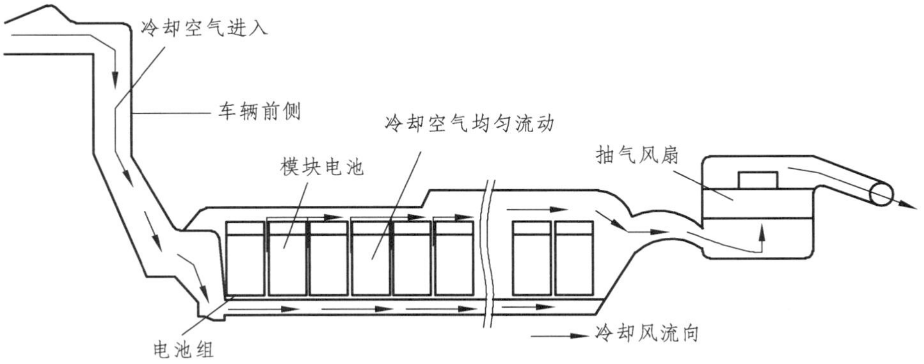

图 2-2-19　纯电动汽车电池组风冷系统结构

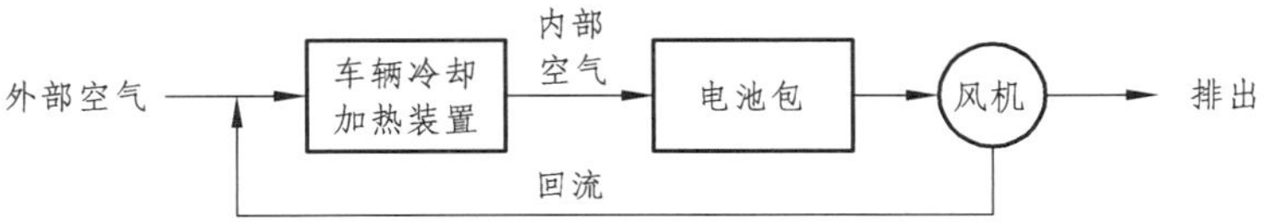

图 2-2-20　主动加热与散热外部和内部空气流通

风冷冷却系统冷却空气在动力电池模块中的流动有串行、并行通风等几种方式。

（1）串行通风结构。

串行通风结构如图 2-2-21 所示。在该散热模式下，冷空气左侧吹入从右侧吹出。空气在流动过程中不断地被加热，所以右侧的冷却效果比左侧要差，电池箱内电池组温度从左到右依次升高。目前，该技术应用在第一代丰田 Prius 等车型上。

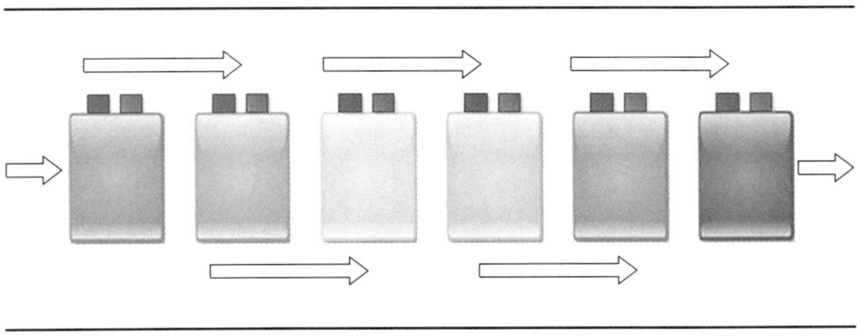

图 2-2-21　电池模块串行通风示意图

（2）并行通风结构。

并行通风结构如图 2-2-22 所示。并行通风方式可以使空气流量在电池模块间更均匀地分布，但需要对进排气通道、电池布置位置进行很好的设计。其楔形的进排气通道使得不同模块间缝隙上下的压力差基本保持一致，确保吹过不同电池模块的空气流量的一致性，从而保证了电池组温度场分布的一致性。

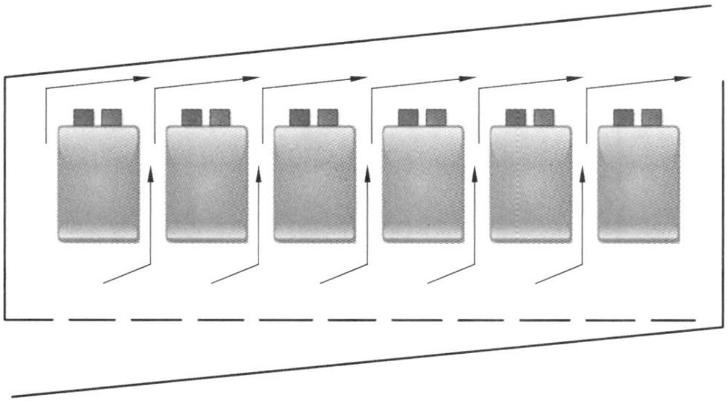

图 2-2-22　电池模块并行通风示意图

（3）冷却风扇控制。

双模式混合动力电池装备有一个冷却风扇和电池冷却通风导管。电池控制模块使用 4 个传感器探测电池温度，还有 2 个传感器探测空气温度，根据温度信号以及风扇转速信号，控制模块通过 PWM 信号来调节风扇转速。电池组工作温度超出正常范围时，系统启动电池冷却风扇（图 2-2-23）。

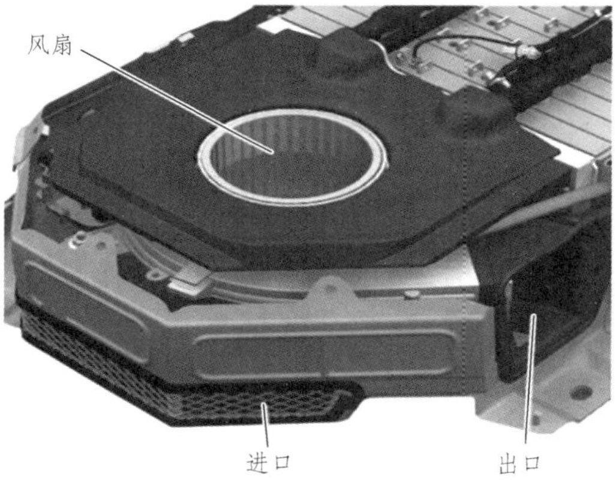

图 2-2-23　动力电池冷却风扇

任务工单

1. 纯电动车辆信息记录

品牌		整车型号		生产日期		行驶里程	
驱动电机型号				额定功率			
动力电池额定电压				额定容量			
制冷剂型号				电动压缩机油型号			
车辆识别码							

2. 检测蓄电池电压及低压线束供电

位置	标准电压	实测电压	判断
蓄电池电压			正常☐ 异常☐
整车低压线束供电			正常☐ 异常☐

3. 读取动力电池系统数据流

位置	测量值/Ω	标准值/Ω	判定
MB02 保险		0.6	正常☐ 异常☐
保险丝到继电器 R05 30 号端子通断		导通	正常☐ 异常☐
保险丝到继电器 86 号端子通断		导通	正常☐ 异常☐
继电器到电子水泵线路的通断		导通	正常☐ 异常☐
继电器到控制单元 VCU 的线路通断		导通	正常☐ 异常☐
控制单元 VCU 线路的通断		导通	正常☐ 异常☐
继电器线圈电阻		75～80	正常☐ 异常☐
检测继电器开关端		线圈接电应导通	正常☐ 异常☐

任务评价

1. 自　评

结合本组任务分配情况及操作要求，对任务执行过程中的操作规范性进行检查，检查操作过程中是否存在以下问题，分析讨论应如何避免并总结规范的操作方法和步骤。

检查项目	结果
绝缘工具是否检查其绝缘性能及保质期	是☐ 否☐
是否按规范做好个人安全防护措施	是☐ 否☐
是否按规范对车辆进行防护	是☐ 否☐
是否对车辆的高压部分做好绝缘防护，并妥善保管高压开关和车钥匙，并确认放电后母线电压	是☐ 否☐
举升机是否按规范操作，是否注意人身安全	是☐ 否☐
冷却系统检测项目是否有漏项	是☐ 否☐
冷却系统故障是否排除	是☐ 否☐
车辆、设备和工具是否复位	是☐ 否☐
工作场地是否清洁	是☐ 否☐

2. 互　评

组与组之间相互进行任务操作过程及结果检查，并把检查结果记录于下表。

检查项目	结果
绝缘工具是否检查其绝缘性能及保质期	是□　　否□
是否按规范做好个人安全防护措施	是□　　否□
是否按规范对车辆进行防护	是□　　否□
是否对车辆的高压部分做好绝缘防护，并妥善保管高压开关和车钥匙，并确认放电后母线电压	是□　　否□
举升机是否按规范操作，是否注意人身安全	是□　　否□
冷却系统检测项目是否有漏项	是□　　否□
冷却系统故障是否排除	是□　　否□
车辆、设备和工具是否复位	是□　　否□
工作场地是否清洁	是□　　否□

学习测试

判断题

（1）动力电池的性能与电池温度没有什么关系。（　　）

（2）动力电池组采用冷却系统的作用是：通过对动力电池组冷却或加热，保持动力电池组较佳的工作温度，以改善其运行效率并提高电池组的寿命。（　　）

（3）目前，国内常见的新能源汽车的电机及控制器都采用了冷却系统。（　　）

（4）只要是有动力电池的汽车，就一定会有动力电池冷却系统。（　　）

（5）水冷动力电池冷却系统优点：电池平均能量效率高；电池模块结构紧凑；冷却效果优异；能集成电池加热组件，解决了在环境温度很低的情况下，加热电池的问题。（　　）

（6）水冷式动力电池冷却系统的冷却效果优于风冷式动力电池冷却系统。（　　）

（7）风冷式动力电池冷却系统的冷却方式有串行、并行通风等几种方式。（　　）

项目 2 任务 2 资源

任务 3　车载充电系统部件检测维修

情景引入

小李毕业于某职业技术大学，从事新能源汽车故障诊断与维修工作，通过十余年不断学习已获得高级技师证书和 1+X 证书，现是一名 4S 店的高级汽车维修工。王先生的车突然无法正常充电，向经验丰富的小李请求援助。

学习目标

◎ 知识目标

（1）能够理解充电枪端子的结构。

（2）能够描述充电系统的工作原理。

（3）能够理解故障码的读取和清除。

◎ 技能目标

（1）能够进行充电枪和充电口连接端子外观检查。

（2）能够进行车载充电机指示灯检查。

（3）能够进行慢充桩工作电压检查。

（4）能够进行车载充电器常见故障与检修。

（5）能够进行快充常见故障与检修。

（6）能够进行慢充常见故障与检修。

◎ 素质目标

（1）树立正确的学习观、价值观，自觉践行行业道德规范；养成良好的操作习惯，能够按照实验实训规范要求做好安全防护。

（2）遵守实验实训规章制度，培养团结协作、各司其职的敬业精神。

（3）发扬一丝不苟、精益求精的工匠精神。

任务分析

新能源汽车的充电方式主要有慢充和快充两种形式，有些车型还具备快速换电功能。当车辆出现充电故障时，首先要判断是慢充系统还是快充系统的故障，还是两种方式都不能充电，然后再对充电系统部件做相应的检修工作。

任务实施

1. 工作准备

（1）防护装备：常规实训着装。

（2）车辆、台架、总成：北汽新能源、比亚迪或其他新能源汽车。

（3）专用工具、设备：充电桩。

（4）手工工具：无。

（5）辅助材料：无。

2. 实施步骤

1）充电枪和充电口连接端子外观检查

（1）检查充电枪端子压接力度是否合适，是否存在虚接。

（2）检查充电枪端子防电堵头是否与端子连接可靠，有无脱落。

（3）检查充电枪端子与插座的配合是否合适，有无虚接。

（4）检查 FU 低压熔断丝盒内的电池充电熔断丝和充电器低压电源。

（5）将万用表旋到直流电压挡测量充电器低压电源是否正常。

（6）检查充电系统连接插件有无退针、锈蚀现象。

（7）如有以上现象，则更换充电器，故障排除。

2）车载充电指示灯检查

在停车状态下 BMS 才允许充电，充电机连接 220 V 电源后充电机开始工作，充电机工作后会往广播地址发报文（报告输出电压以及充电机的工作状态），仪表接收充电机的报文后会把充电连接指示灯（红灯）点亮，充电机工作后会给出一个充电唤醒信号（12 V 高电平），BMS 收到唤醒信号后开始进入充电模式。充电回路接通后充电机开始给电池充电，电流不断增大，同时充电机会不断地往广播地址报告输出电流，仪表收到报文后当电流大于 1 A 时仪表点亮充电标志信号灯（黄灯）。

以北汽新能源 EV 系列汽车为例，仪表充电系统相关的指示灯说明见表 2-3-1。

如遇电动车无法充电，首先检查充电指示灯工作状态：

（1）两个指示灯（即充电线连接指示灯和充电提醒灯）都不亮。

（2）红灯（即充电线连接指示灯）亮，黄灯（即充电提醒灯）不亮。

说说这两种情况的意义和处理方式。

表 2-3-1　充电系统指示灯说明

序号	显示	名称	指示说明	
1		充电线连接指示灯	点亮表示充电线连接。信号来源是 VCU 给出的硬线信号，低有效	
2		充电提醒灯	电量过低时点亮，信号来自 VCU 的 CAN 信号	
3		剩余电量表	当前 SOC 范围	剩余电量表 LED 点亮数目
			SOC>82%	5
			82%⩾SOC>62%	4
			62%⩾SOC>42%	3
			42%⩾SOC>22%	2
			22%⩾SOC>5%	1
			SOC⩽5%	0

3）慢充桩工作电压检查

慢充，即为高压交流充电，可分为交流 220 V 充电和交流 380 V 充电。交流 380 V 会比 220 V 充得快些。交流电需要经过车载充电机转换成直流电后，再输入汽车高压蓄电池。

（1）用万用表检测，电压值应为 12 V。

（2）需要确保 VCU 供电（保险丝）、搭铁正常，VCU 无故障。

（3）需要确保动力电池供电（保险丝）、搭铁正常，BMS 无故障，电流互感器正常，动力电池电压、电流、温度等正常。

（4）高压控制盒 20 A 保险丝正常。

（5）车载充电机供电（保险丝）、搭铁正常，车载充电机无故障，CC 输入与输出正常。

（6）CAN 通信正常。车载充电机唤醒 VCU 信号正常，VCU 唤醒 BMS 信号正常，VCU 控制 BMS 继电器信号正常。

（7）CC 连接确信号正常输入 VCU。

4）车载充电器常见故障与检修

车载充电器故障信息将通过 CAN 总线报至总线上，通过 CAN 总线可以找出发生的故障信息。

车载充电器常见的故障如下：

（1）12 V 低压供电异常。

当充电器 12 V 模块异常时，BMS、仪表等由于没有唤醒信号唤醒，无法与充电器进行通信。

12 V 未上电，最简单的判断方式是交流上电的时候，电池没有发出继电器闭合的声音。这需要检查低压保险盒内充电唤醒的保险及继电器，以及充电器端子是否出现退针的情况。

（2）充电器检测的电池电压不满足要求。

此问题是在充电过程中，BMS 可以正常工作，但充电器工作开始前需要检测动力电池电压，当动力电池电压在工作范围内，车载充电器可以正常工作，否则充电器认为电池不满足充电的要求。发生这种情况常见的原因为高压插件端子退针或高压保险熔断，或者电池电压超过工作范围。

（3）充电器检测与充电桩握手不正常。

充电器工作过程中会检测与充电桩之间的握手信号，当判断到 CC 的开关断开，充电器认为此时将要拔掉充电枪，此时会停止工作，防止带电插拔，延长充电枪端子寿命。当充电枪未插到位，可能出现此情况。图 2-3-1 所示为充电器显示的状态。

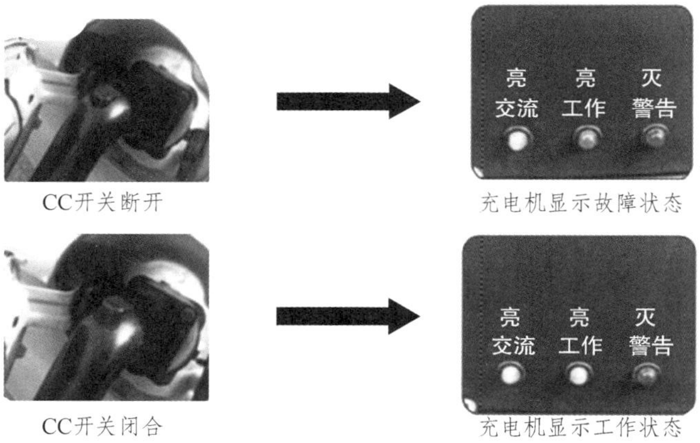

图 2-3-1　充电器显示的状态

（4）充电桩输入电压正常，由于施工时电源线不符合标准所引起的无法充电故障。车辆在低温环境下，充电桩开始时与充电器连接正常，由于车辆动力电池低温下需将电芯加热至 0 ~ 5 °C 时，才能进行正常充电。加热过程中，负载较小，电压下降并不多，进入充电过程时，负载加大，输入电压下降。充电桩为充电器提供的电源电压低于 187 V 时，充电器无法正常工作。充电器停止工作后，负载减小，测量时电压又恢复正常，这种情况一定要在充电器进入充电过程时测量当时的准确电压，才能找到故障所在。

另外，外接的充电电源接地线线路不良，也是造成新能源汽车无法充电的常见原因。

5）快充常见故障与检修

（1）充电桩显示车辆未连接。

检修方法：

① 检查快充口 CC1 端与 PE 端是否有 1 000 Ω电阻。

② 检查快充口导电层是否脱落。

③ 检查充电枪 CC2 与 PE 是否导通。

（2）动力电池继电器未闭合。

检修方法：

① 检查充电桩输出正极唤醒信号是否正常。

② 检查充电桩输出负极唤醒信号与 PE 是否导通。

③ 检查充电桩 CAN 通信是否正常。

（3）动力电池继电器正常闭合，但无输出电流。

检修方法：

① 检查充电桩与动力电池 BMS 软件版本是否匹配。

② 检查高压连接器及线缆是否正确连接。

③用诊断仪查看充电监控状态。以北汽新能源 EV 系列车辆为例，见表 2-3-2。

表 2-3-2　充电监控状态

	北汽新能源>>车辆选择>>E150EV>>系统选择>>动力电泡充电状态监控		
	名称	当前值	单位
	动力电池充电请求	请求充电	
	动力电池加热状态	未加热	
	动力电池当前充电状态	充电状态	
	动力电池允许最大充电电流	10	A
	动力电池加热电流请求值	6.0	A
	动力电池允许最高充电端电压	370	V
	剩余充电时间	0	min
	CHG 初始化状态	已完成	
	动力电池加热状态	停止加热	
	充电机当前充电状态	正在充电	
	充电机输出端电流	7.5	A
	充电机输出端电压	3353	V
	充电机输出端过压保护故障	正常	
	充电机输出端欠压保护故障	正常	
	充电机输出电流过流保护故障	正常	
	充电机过温保护故障	正常	

（4）DC-DC 转换器不工作。

检修方法：

① 检查连接器是否正常连接。

② 检查高压保险是否熔断。

③ 检查使能信号输入是否正常（12 V）。

6）慢充常见故障与检修

以北汽 E150EV 车辆为例介绍慢充常见的故障诊断与排除方法。

（1）车辆无法充电。

① 故障现象：车辆在使用充电桩充电时，充电桩指示灯亮，充电器电源工作灯亮，车辆无法充电。

② 可能原因：动力电池控制器故障、动力电池故障、通信故障。

③ 故障诊断与排除：根据故障现象充电桩和充电器工作指示灯正常，第一个检查对象应该放在通信和动力电池内部。用故障检测仪检测故障码及数据流，读出故障码：P1048（SOC 过低保护故障）、P1040（电池单体电压欠压故障）、P1046（电池电压不均衡保护故障）、P0275（电池电压不均衡保护故障）；读出数据流：动力电池单体电芯最低电压为 2.56 V、动力电池单体电芯最高电压为 3.2 V，单体电芯电压差大于 500 mV 时动力电池管理系统（BMS）启动充、放电保护而无法充电。经过更换动力电池单体电芯，动力电池故障解除，车辆恢复充电。

④ 故障分析。

通过以上故障诊断与排除过程，归纳动力电池具备充电的条件：

a. 充电桩与充电器或快充桩与动力电池的通信匹配。

b. 车载充电器能正常工作，无故障。

c. 整车控制器与充电器、动力电池控制器通信正常。

d. 唤醒信号正常。

e. 整车控制器和动力电池控制器信号正常。

f. 单体电芯之间电压差小于 500 mV。

g. 高压电路无绝缘故障。

h. 动力电池内部温度在充电的温度范围内。

（2）充电时充电桩跳闸。

① 故障现象：车辆在使用充电桩充电时，出现充电桩跳闸充电器无法充电。

② 可能原因：充电器内部短路。

③ 故障诊断与排除：检查充电桩交流 220 V 电压、充电桩 CP 线与充电器连接正常，再检查充电线束、高压线束、充电器、动力电池的绝缘均正常，更换充电器，故障排除。

④ 故障分析。

因为此车的故障现象是充电桩跳闸，说明唤醒信号和互锁电路正常，基本可以断定故障原因是充电器内部短路。

（3）充电器指示灯不亮。

① 故障现象：车辆在使用充电桩充电时，充电器指示灯不亮，车辆无法充电。

② 可能原因：充电器内部故障、充电唤醒信号中断或互锁电路故障。

③ 故障诊断与排除：检查 FU 低压保险盒内的电池充电保险和充电器低压电源，将万用表旋到直流电压挡测量充电器低压电源正常，再检查充电系统连接插件无退针、锈蚀现象，更换充电器后故障排除。

④ 故障分析。

此故障经检查充电器低压供电正常，而充电工作指示灯都不亮，基本确定为充电器内部故障。

知识链接

1. 充电枪端子结构

（1）CC：车辆控制装置连接确认。

（2）CP：充电桩连接确认。

（3）PE：接地（搭铁）。

（4）L：三相交流电“U”。

（5）N：三相交流电“中性”。

（6）NC1：三相交流电“V”。

（7）NC2：三相交流电“W”。

通常 NC1 与 NC2 是空的。

我国采用的七针交流慢充充电口的定义如图 2-3-2 所示。

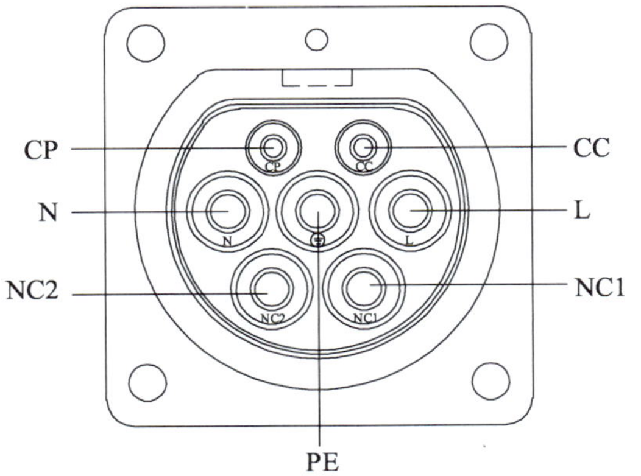

CP—控制确认线；CC—充电连接确认；N—（交流电源）；
L—（交流电源）；PE—车身地（搭铁）。

图 2-3-2　慢充充电口的定义

九针直流快充充电口如图 2-3-3 所示。

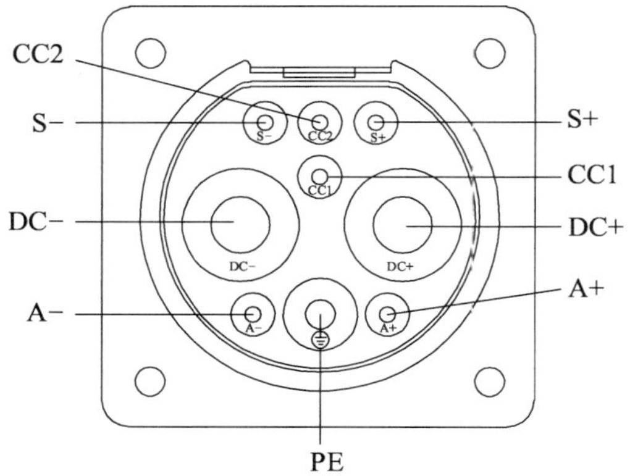

DC−—直流电源负；DC+—直流电源正；PE—车身地（搭铁）；A−—低压辅助电源负极；
A+—低压辅助电源正极；CC1—充电连接确认；CC2—充电连接确认；
S+—充电通信 CAN_H；S−—充电通信 CAN_L。

图 2-3-3　快充充电口的定义

2. 充电系统的工作原理

1）充电系统低压设计的功能

纯电动汽车充电系统的低压部分主要是用于低压供电及控制信号。

（1）车载充电器低压部分。

① 12 V 电源（低压蓄电池）供电：提供充电过程中 BMS、VCU、仪表等的用电。

② CAN 通信：BMS 通过 CAN 通信控制车载充电器工作状态。CAN 网络系统如图 2-3-4 所示。

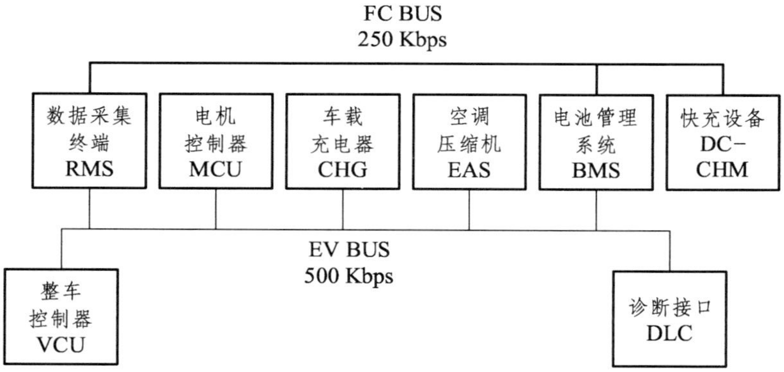

图 2-3-4　充电系统相关的 CAN 网络结构

（2）DC/DC 转换器低压部分。

通过使能控制 DC/DC 转换器开关机，12 V 电源提供整车低压系统用电。低压充电系统控制方式如图 2-3-5 所示。

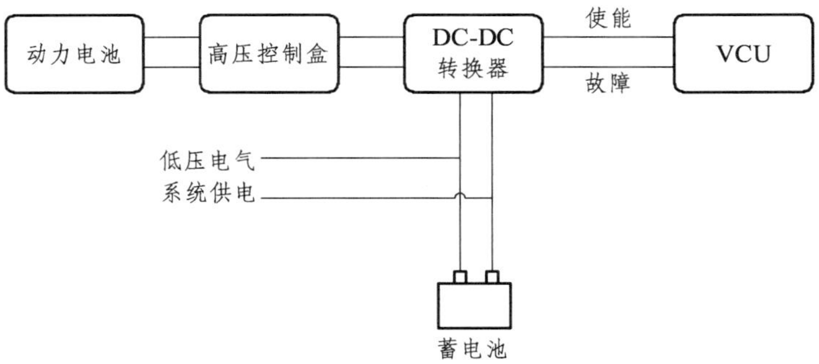

图 2-3-5　低压充电系统控制方式

（3）其他相关的低压部分。

包括与充电接口相关的低压部分等。

2）慢充和快充控制策略

（1）充电系统控制过程。

作为纯电动汽车的核心，动力电池的充电过程由 BMS 进行控制及保护。车载充电器工作状态及指令均由 BMS 发出的指令进行控制，包括工作模式指令、动力电池允许最大电压、充电允许最大电流、加热状态电流值。

快充和慢充的流程均采用恒流-恒压充电方法，在不同温度范围内，以恒定电流充电至动力电池组总电压达到或最高单体电压达到此温度条件下的规定电压值，以恒定电压充电至电流小于 0.8 A 后停止充电。慢充控制顺序见表 2-3-3。

表 2-3-3　慢充控制顺序

<table>
<tr><th>车载充电器</th><th>动力电池及 BMS</th><th>VCU、仪表及数据采集终端</th></tr>
<tr><td>220 V 上电</td><td>待机</td><td>待机</td></tr>
<tr><td>12 V 低压供电等待指令</td><td>待机</td><td rowspan="5">唤醒</td></tr>
<tr><td>接收指令并执行加热流程</td><td>BMS 检测电池状态并发送加热指令</td></tr>
<tr><td>接收指令并停止工作</td><td>BMS 监控电池温度并发送停止指令</td></tr>
<tr><td>接收指令并执行充电流程</td><td>BMS 待充电器反馈后发送充电指令</td></tr>
<tr><td>接收指令并停止工作</td><td>BMS 监控电池状态并发送完成指令</td></tr>
<tr><td>完成后 1 min 控制充电桩结算</td><td>待机</td><td>待机</td></tr>
</table>

（2）充电温度与充电电流的要求。

快充采用地面充电桩充电，快充充电温度与充电电流要求（非车载充电器模式下充电要求）见表 2-3-4。

表 2-3-4　快充充电温度与充电电流要求充电桩

温度/°C	小于 5（加热）	5～15	5～45	大于 45
可充电电流/A	0	20	50	0
备注：恒流充电至 343 V/3.5 V 以后转为恒压充电方式				

慢充充电温度与充电电流要求（车载充电器模式下充电要求）见表 2-3-5。

表 2-3-5　慢充充电温度与充电电流要求

温度/°C	小于 0	0～55	大于 55
可充电电流/A	0	10	0
备注：当电芯最高电压高于 3.6 V 时，降低充电电流到 5 A，当电芯电压达到 3.70 V 时，充电电流为 0 A，请求停止充电			

3）快充模式充电系统组成和原理

（1）组成。

在快充模式下，充电系统主要由充电桩（直流快充桩）、快充接口、高压控制盒、动力电池、整车控制器、高压线束和低压控制线束等组成。

（2）快充模式充电系统结构原理

快充模式充电系统结构原理如图 2-3-6 所示。

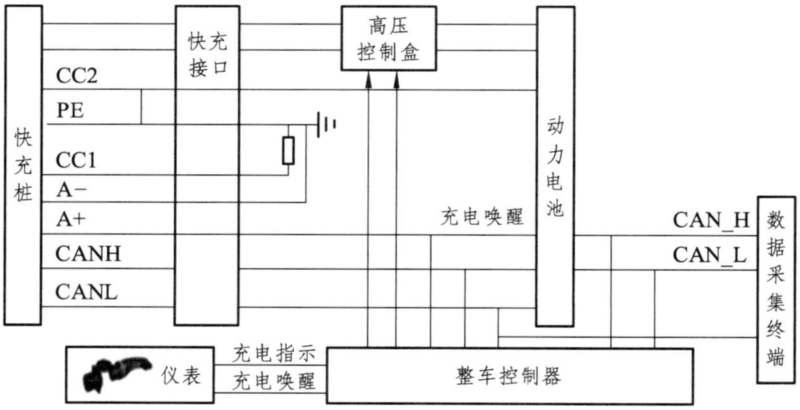

图 2-3-6　快充模式充电系统结构原理图

整车控制器是快速充电功能的主控模块。将快速充电接口由充电桩连接至车辆快充接口以后，整车控制器通过 CC 线判断充电接口是否已经正确连接，并启用唤醒线路唤醒车辆内部充电系统电路及部件。

整车控制器通过输出高压接触器接通指令至高压控制盒，实现快速充电桩与动力电池之间高压电路的接通。接通并实现充电时，整车控制器向仪表输出正在充电显示信息。

（3）充电条件要求。

① 充电线连接确认信号正常。

② BMS 供电电源正常（12 V）。

③ 充电唤醒信号输出正常（12 V）。

④ 充电桩、VCU、BMS 之间通信正常（主继电器闭合、发送电流强度需求）。

⑤ 动力电池电芯温度高于 5 °C/低于 45 °C。

⑥ 单体电池最高电压与最低电压差小于 0.3 V（300 mV）。

⑦ 单体电池最高温度与最低温度差小于 15 °C。

⑧ 绝缘性能大于 20 MΩ。

⑨ 实际单体最高电压不大于额定单体电压 0.4 V。

⑩ 高、低压电路连接正常（远程开关关闭状态）。

4）慢充模式充电系统组成和原理

（1）组成。

在慢充模式下，充电系统主要由供电设备（充电桩）、慢充接口、车载充电器、高压控制盒、动力电池、整车控制器（VCU）、高压线束和低压控制线束等组成。

（2）慢充模式充电系统结构原理。

慢充模式充电系统结构原理如图 2-3-7 所示

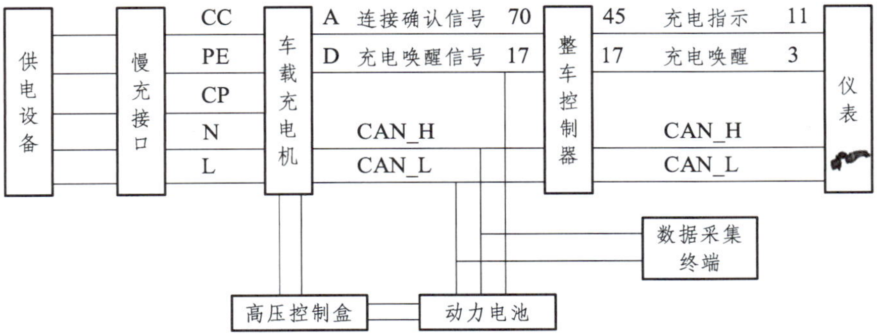

图 2-3-7　慢充模式充电系统结构原理图

充电枪连接后，通过车载充电机（充电器）反馈到整车控制器，再唤醒仪表显示连接状态（负触发）；充电机同时唤醒整车控制器和动力电池管理模块（正触发），整车控制器唤醒仪表启动显示充电状态（负触发）；正负主继电器由整车控制器发出指令由动力电池管理模块控制闭合。

如图 2-3-8 慢充模式充电系统工作电路所示，充电桩通过 CC 连接确认信号后，把 S1 开关从 12 V 端切换到 PWM 端；当检测点 1 电压降到 6 V 时，充电桩 K1\K2 开关闭合输出电流。

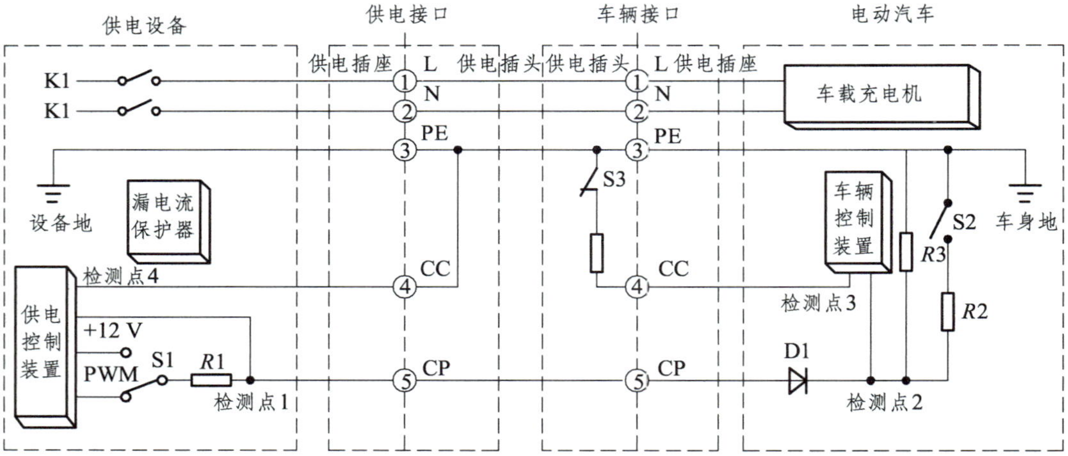

图 2-3-8　慢充模式充电系统工作电路

（3）充电控制过程。

充电控制过程如下（图 2-3-9）：

① 交流供电。

② 充电唤醒。

③ BMS 检测充电需求。

④ BMS 给车载充电机发送工作指令并闭合继电器。

⑤ 车载充电机开始工作，进行充电。

⑥ 电池检测充电完成后，给车载充电机发送停止指令。

⑦ 车载充电机停止工作。

⑧ 电池断开继电器。

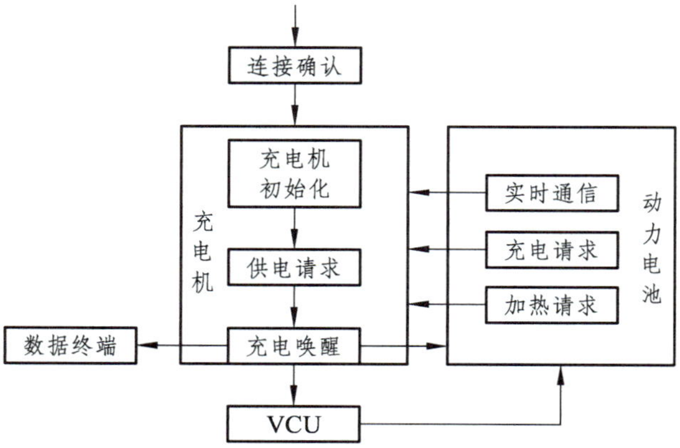

图 2-3-9　慢充模式充电控制过程

（4）充电条件要求。

① 充电线连接确认信号正常。

② 充电机供电电源正常（含 220 V 和 12 V）及充电机工作正常。

③ 充电唤醒信号输出正常（12 V）。

④ 充电机、VCU、BMS 之间通信正常（主继电器闭合、发送电流强度需求）。

⑤ 动力电池电芯温度高于 0 °C/低于 45 °C。

⑥ 单体电池最高电压与最低电压差小于 0.3 V（300 mV）。

⑦ 单体电池最高温度与最低温度差小于 15 °C。

⑧ 绝缘性能大于 20 M Ω。

⑨ 实际单体最高电压不大于额定单体电压 0.4 V。

⑩ 高、低压电路连接正常（远程控制开关关闭状态）。

3. 故障码的读取和清除

读取电控发动机电控单元（ECU）内存储的故障码的方法因车型而异，可以利用故障诊断仪（解码器）读取。随着国际上车载故障自诊断系统标准的日渐统一，一般人工的方法也可以读取故障码。

1）普通状态读取故障码

普通状态读取故障码的步骤为:将点火开关置于“ON”，不启动发动机。用自诊断连接线（SST）短接诊断座中的“TEI”和“E1”端子。根据“CHECK ENGING”警告灯的闪烁特征读取故障码。完成检查后，拆下诊断跨接线

2）试验状态读取故障码

与普通状态读取故障码的方式相比，试验状态读取故障码的能力和灵敏度较高。它还能检测启动信号、节气门怠速触电信号、空调信号和空挡开关信号等。试验状态读取故障码是在汽车运行状态下进行的，其具体的步骤为：关闭点火开关后，用自诊断连接线短接诊断座中的“TE2”和“E1”端子。将点火开关置于“ON”挡，此时“CHECK ENGING”警告灯将快速闪烁（灯光闪烁及间隔时间均为 0.13 s）。启动发动机，模拟驾驶员所描述的故障状态行驶，车速不低于 10 km/h 路试之后，用自诊断连接线再短接诊断座中的“TE1”和“E1”端子，即“TE1”“TE2”和“E1”端子相互短接。

根据“CHECK ENGING”警告灯的闪烁特征读取故障码。若在电控单元（ECU）中记录有多个故障码，不管故障发生的先后，故障码总是从小到大依次输出。若电控系统中未发生故障，电控单元（ECU）中无故障码记录，触发自诊断系统后，“CHECK ENGING”警告灯将一直闪烁，闪烁及间隔时间均为 0.25 s。完成检查后，拆下诊断跨接线。

清除故障代码，如故障码无法清除表示系统有故障，需排除。

任务工单

1. 纯电动车辆信息记录

品牌		整车型号		生产日期	
行驶里程					
驱动电机型号			额定功率		
动力电池额定电压			额定容量		
车辆识别代码					

2. 读取纯电动驱动系统数据流

故障代码		故障码诊断程序	第____章____节____页
参数名称	静止工况数据		判定
电池组当前总电流			正常□　异常□
电池组当前总电压			正常□　异常□
电池组平均温度			正常□　异常□
最大允许充电功率			正常□　异常□
最大允许放电功率			正常□　异常□
最高温度			正常□　异常□
交流 U 项电压			正常□　异常□
交流 V 项电压			正常□　异常□
交流 W 项电压			正常□　异常□

任务评价

1. 自　评

结合本组任务分配情况及操作要求，对任务执行过程中的操作规范性进行检查，检查操作过程中是否存在以下问题，分析讨论应如何避免并总结规范的操作方法和步骤。

检查项目	结果
绝缘工具是否检查其绝缘性能及保质期	是□　　否□
是否按规范做好个人安全防护措施	是□　　否□
是否按规范对车辆进行防护	是□　　否□
是否对车辆的高压部分做好绝缘防护，并妥善保管高压开关和车钥匙，并确认放电后母线电压	是□　　否□
举升机是否按规范操作，是否注意人身安全	是□　　否□
车载充电系统检测项目是否有漏项	是□　　否□
车载充电系统故障是否排除	是□　　否□
车辆、设备和工具是否复位	是□　　否□
工作场地是否清洁	是□　　否□

2. 互　评

组与组之间相互进行任务操作过程及结果检查，并把检查结果记录于下表。

检查项目	结果
绝缘工具是否检查其绝缘性能及保质期	是□　　否□
是否按规范做好个人安全防护措施	是□　　否□
是否按规范对车辆进行防护	是□　　否□
是否对车辆的高压部分做好绝缘防护，并妥善保管高压开关和车钥匙，并确认放电后母线电压	是□　　否□
举升机是否按规范操作，是否注意人身安全	是□　　否□
车载充电系统检测项目是否有漏项	是□　　否□
车载充电系统故障是否排除	是□　　否□
车辆、设备和工具是否复位	是□　　否□
工作场地是否清洁	是□　　否□

学习测试

1. 判断题

（1）纯电动汽车充电系统的低压部分主要用于低压供电及控制信号。（　　）

（2）作为纯电动汽车的核心，动力电池的充电过程由 BMS 进行控制及保护。（　　）

（3）在慢充模式下，充电系统主要由供电设备（充电桩）、快充接口、车载充电器、高压控制盒、动力电池、整车控制器（VCU）、高压线束和低压控制线束等组成。（　　）

（4）新能源汽车的充电接口都是一样的。（　　）

（5）除了新能源汽车自身的故障原因外，充不了电也可能是充电接口和通信协议两个方面的原因。（　　）

（6）车载充电器故障信息将通过 CAN 总线报至总线上，通过 CAN 总线可以找出发生的故障信息。（　　）

（7）拆装充电口，必须戴绝缘手套。（　　）

2. 单选题

（1）不属于低压部分的是（　　）。

A. 12 V 电源供电

B. BMS 通过 CAN 通信控制车载充电器工作状态

C. 动力电池

D. 灯光

（2）充电接口上，由于全球存在美、欧、（　　）三大充电接口标准，因此，各车企在配置适合各自技术路线的充电接口上也进行了区别设计。

A. 日　　B. 中

C. 韩　　D. 德

（3）车载充电器常见的故障有（　　）。

A. 12 V 低压供电异常

B. 充电器检测的电池电压不满足要求

C. 充电器检测与充电桩握手不正常

D. 动力电池线路故障

（4）不属于充电连接检修的方法是（　　）。

A. 检查快充口 CC1 端与 PE 端是否有 1 000 Ω电阻

B. 检查快充口导电层是否脱落

C. 检查充电枪 CC2 与 PE 是否导通

D. 检查充电桩与动力电池 BMS 软件版本是否匹配

（5）在检修中，优先选用的工具是（　　）。

A. 梅花扳手　　B. 开口扳手

C. 棘轮扳手　　D. 套筒

（6）不属于拆装充电口的准备工作的是（　　）。

A. 关闭点火钥匙　　B. 拆卸轮胎

C. 蓄电池断电　　D. 拆卸前保总成

项目 2 任务 3 资源

任务 4　动力电池性能检测维修

情景引入

新能源电动汽车的动力电池安装在车辆底部，极易发生托底损坏的事故。在行车过程中遇到起伏不平或者积水的路面时候，一定要仔细观察路况，缓慢行驶或选择绕行，以免给车辆造成损伤。

学习目标

◎ 知识目标

（1）能描述动力电池的组成与功能。

（2）能描述动力电池的性能指标。

（3）能描述动力电池性能指标的检测方法。

◎ 技能目标

（1）能进行纯电动汽车的动力电池组的分解与组装。

（2）能进行检测动力电池组电池单元。

（3）能进行动力电池电压的测量。

◎ 素质目标

（1）树立正确的学习观、价值观，自觉践行行业道德规范；养成良好的操作习惯，能够按照实验实训规范要求做好安全防护。

（2）遵守实验实训规章制度，培养团结协作、各司其职的敬业精神。

（3）发扬一丝不苟、精益求精的工匠精神。

任务分析

影响新能源汽车续航里程的主要原因除了常见的车辆行驶路况、车辆负载以外，还有动力电池性能、辅助系统能量消耗、环境温度等因素。

任务实施

1. 工作准备

（1）防护装备：常规实训着装；安全防护与隔离（车内外三件套、车轮挡块、警示隔离带等）。

（2）车辆、台架、总成：荣威 E50 动力电池组。

（3）专用工具、设备：兆欧表，动力电池分解专用工具，动力电池专用测试仪，绝缘拆装组合工具，装配楔。

（4）手工工具：无。

（5）辅助材料：警示标示和设备、绝缘地胶、清洁剂。

2. 实施步骤

1）纯电动汽车动力电池组分解

绝大多数车型动力电池的分解和组装必须由生产厂家或专业人员完成。以下仅以荣威 E50 为例介绍动力电池的分解与组装过程。

（1）分解前工位准备。

① 保持工位洁净。

② 远离溢出液体。

③ 工位上没有工具或其他物体。

④ 建议使用独立空间，或使用隔离带进行空间隔离。

⑤ 工位附近没有飞溅火花，否则应竖起隔板。

（2）分解。

提示：分解电池模块或电池监控模块及元件（图 2-4-1）前，必须打印元件位置图供参考。

① 必须遵守安全规定，断开电池模块与壳体上所固定导线之间的高电压导线。

② 必须按照位置图使用防水笔对所有电池模块和电池监控电子装置进行编号。

③ 松开相关电池模块上的螺栓并取下隔板。如有必要，可松开大范围的环形导线束，松开时可根据需要使用鱼骨。切勿使用带有尖锐棱边的物体。

④ 拔下相关电池模块的高电压插头并稍稍弯向一侧， 从而确保能够非常顺畅地抬出电池模块。

图 2-4-1 荣威 E50 动力电池组

⑤ 使用磁套筒头松开电池模块的螺母，小心抬出电池模块（包括电池监控电子装置），为了便于操作可使用专用工具抬出，此时要注意电池模块之间的高电压导线能否顺畅通过。将电池模块底部向下以防滑防倒方式放在一个洁净平面上。

2）检测动力电池组电池单元

（1）测量仪器：绝缘测试仪（兆欧表）。

（2）安全提示：绝缘测试仪在工作时自身会产生高电压，而测量对象也是电气设备，所以必须正确使用，以免造成人身伤害或设备损坏。

（3）检测方法。

① 试验前关闭点火开关，拆卸低压蓄电池负极连接线。

② 拔下维修开关，由专人保管或锁起来，以防误插。

③ 断开动力电池高压电缆插接件，并用放电工装进行放电。

④ 对兆欧表进行初步检查，确认兆欧表工作正常。

⑤ 选择合适的量程，连接测试线，按下测试键后读取其绝缘电阻值。

（4）注意事项。

① 测量前必须断开被测设备电源并进行放电，严禁带电测量。

② 被测物表面要清洁，减少接触电阻，确保测量结果准确。

③ 测量大电容电机和较长电缆的绝缘电阻时，须适当延长测量时间才能得到正确结果。

④ 在阴雨潮湿的天气或环境湿度太大时，不宜进行测量工作。

⑤ 测试输出电压插孔输出的是高压电，严禁用手直接触摸测试笔。

⑥ 电池能量不足时应及时更换，长期存放时应取出电池。

⑦ 测试时双手应佩戴绝缘手套。

3）检测动力电池电压

（1）安装车外前格栅防护套、左右翼子板防护

（2）选用 10 mm 扳手拧松蓄电池负极线固定螺栓，取下负极线，并对负极端子做好防护

注意事项：

① 拆卸蓄电池负极前，必须确保点火开关处于关闭状态，并将车钥匙放在口袋里。

② 必须等待 15 min 后方可进行下一步操作。

（3）使用绝缘工具（选用棘轮扳手、接杆、T30 套筒）拆卸接头固定螺栓，并取出线缆。

注意事项：

① 拆卸前，必须拆卸蓄电池负极，并等待 15 min。

② 拆卸高压零部件前，必须做好防护措施。

③ 拆卸高压零件时，必须使用绝缘工具。

（4）测量动力电池电源线束电压。

①打开万用表，并使用直流电压挡测量，红表接触笔动力电池电源线束（+），黑表接触动力电池电源线束（–）。

② 观察万用表的读数，确定电池组高压线束端口是否存在高压电。

③ 测量完毕关闭万用表。

（5）安装动力电池母线线缆。

① 安装线缆到 PDU，并带上固定螺栓。

② 使用绝缘工具（选用棘轮扳手、接杆、T30 套筒）紧固接头固定螺栓，标准力矩为 10 N·m。

（6）清除防护胶带。

（7）安装辅助蓄电池负极端子。

（8）6S 管理：整理工位、清洁工具、整理工具、清洁工位。

4）纯电动汽车动力电池组组装

（1）使用专用工具小心抬起电池模块（包括电池监控电子装置），在此要注意相邻部件，特别是高电压导线。使用磁套筒头安装电池模块的螺母并按规定力矩拧紧。将导线束的插头与电池监控电子装置连接在一起。安装并固定拆下的隔板。插上相关电池模块的高电压插头。连接电池模块与壳体上所固定导线之间的高电压导线。

（2）检查壳体下部件的密封面，并清除可能存在的污物。在另一人的帮助下小心地放上壳体端盖，注意不要让尖锐棱边接触密封垫。

（3）安装后续检查及完善

① 使用专用测试仪进行最终测试。安装前，必须使用专用测试仪进行测试。安装适用于排气单元的检测适配器。连接用于压力接口、高电压插头和 12 V 车载网络插头的检测接口。专用测试仪如图 2-4-2，单元上的接口如图 2-4-3 所示。

② 进行总测试。首先进行密封性测试，随后进行耐压强度、绝缘电阻和绝缘监控测试。

③ 将动力电池单元安装在车上。两人协作使用总成升降台小心地使动力电池单元移回车辆下方。抬起动力电池单元时必须注意锁止件和中间位置，而且不允许将总成升降台抬得过远。安装动力电池组上的固定螺栓，拧入电位补偿螺栓。

④ 6S 管理：整理工位、清洁工具、整理工具、清洁工位。

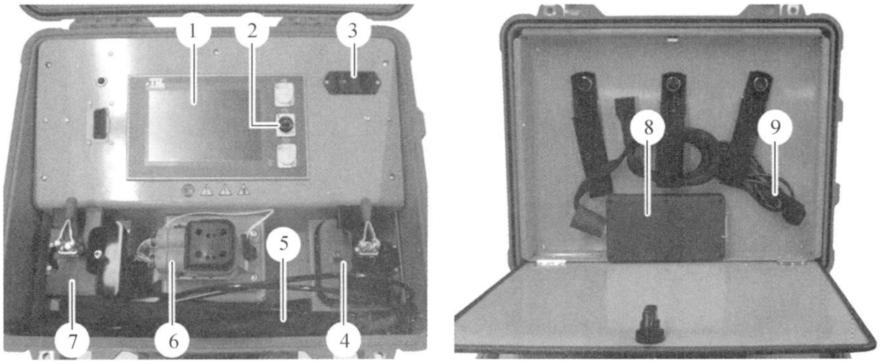

1—用于操作的触摸屏；2—用于更新的 USB 接口；3—网络电缆和主开关接口；
4—专用车型开关；5—连接电缆；6—高电压插头；7—专用车型开关；
8—用于高电压测试的继电器盒；9—网络电缆。

图 2-4-2 荣威 E50 动力电池专用测试仪

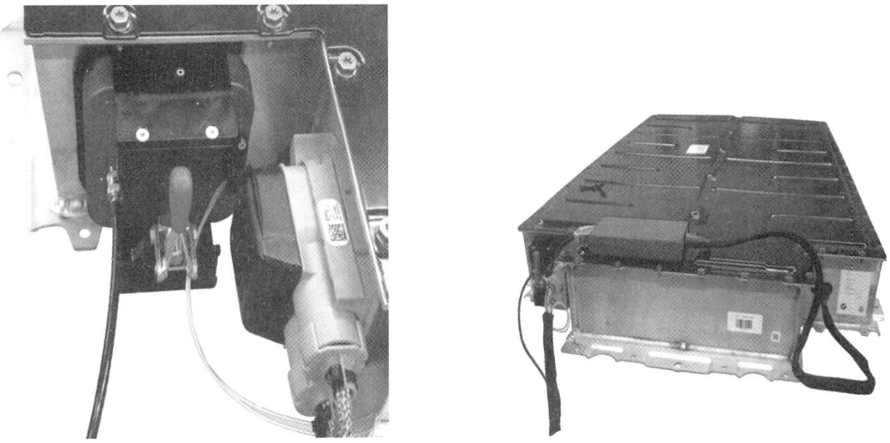

图 2-4-3 E50 动力电池单元上的接口

知识链接

1. 动力电池的组成与功能

动力电池组主要由动力电池模组、电池管理系统、动力电池箱及辅助元器件等四部分组成。动力电池是新能源汽车的核心，为整车提供驱动车辆行驶的电能。动力电池系统的很多零部件通常集成在一个密闭的箱体内，叫作动力电池箱或电池包，安被安装在车身底部的前后桥与两侧纵梁之间，此处具有较高的碰撞安全性，还可以降低车辆的重心，简化车身结构。图 2-4-4 所示为北汽新能源 EV 系列车型（ E150）动力电池组主要组成部件。

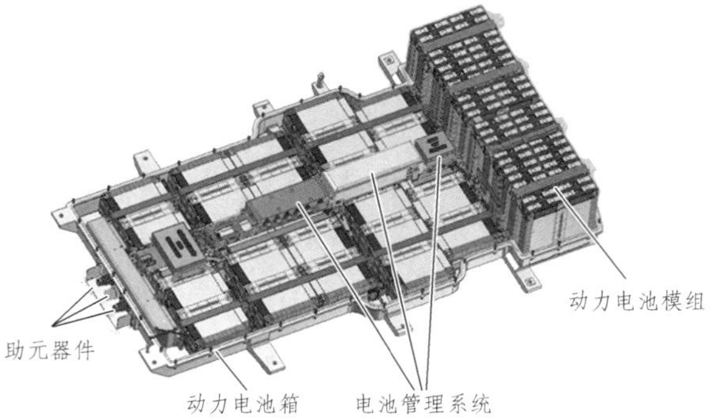

图 2-4-4　高压电池组主要组成部件

1）动力电池模组

（1）电池单体。

电池单体是构成动力电池模块的最小单元（电芯），般由正极、负极、电解质及外壳等构成，可实现电能与化学能之间的直接转换。

（2）电池模块。

电池模块是一组并联的电池单体的组合，该组合额定电压与电池单体的额定电压相等，是电池单体在物理结构和电路上连接起来的最小分组，可作为一个单元替换。

（3）电池模组。

电池模组是由多个电池模块或电池单体串联组成的一个组合体。

E50 动力电池组内部主要部件如图 2-4-5 所示。

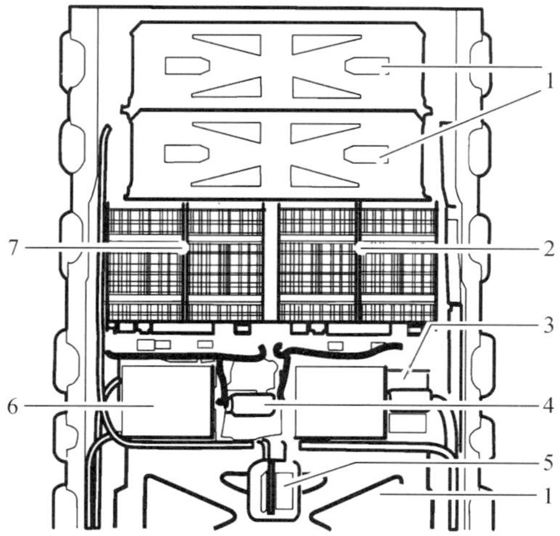

1—高压电池组电池模块（27 串 3 并）；2—高压电池组电池模块（6 串 3 并）；3—高压电池组电池管理控制器与电池采集和均衡模块（6 串 3 并）；4—高压电池组电池检测模块；5—手动维修开关；6—高压电池组电池高压电力分配单元与电池采集和均衡模块（6 串 3 并）；7—高压电池组电池模块（6 串 3 并）。

图 2-4-5　荣威 E50 动力电池组内部主要部件

2）电池管理系统

（1）电池管理系统的作用。

电池管理系统（BMS）是电池保护和管理的核心部件，在动力电池系统中，它的作用相当于人的大脑。它不仅要保证电池安全可靠地使用，而且要充分发挥电池的能力和延长其使用寿命。作为电池和整车控制器以及驾驶者沟通的桥梁，通过控制接触器控制动力电池组的充放电，并向整车控制器（VCU）上报动力电池系统的基本参数及故障信息。

（2）电池管理系统具备的功能。

BMS 通过电压、电流及温度检测等实现对动力电池系统的过压、欠压、过流、过高温和过低温保护、继电器控制、SOC 估算、充放电管理、均衡控制、故障报警及处理、与其他控制器通信功能等功能。此外电池管理系统还具有高压回路绝缘检测功能，以及为动力电池系统加热功能。

3）动力电池箱

（1）动力电池箱的作用。是支撑、固定、包围电池系统的组件，主要包含上盖和下托盘，还有辅助元器件，如过渡件、护板、螺栓等。动力电池箱有承载及保护动力电池组及电气元件的作用。

（2）动力电池箱的技术要求。

电池箱体连接在车身底板下方，其防护等级为 IP67，螺栓拧紧力矩为 80～100 N·m。整车维护时需观察电池箱体螺栓是否有松动，电池箱体是否有破损、严重变形，密封法兰是否完整，确保动力电池可以正常工作。

（3）动力电池箱的外观要求。

动力电池箱体外表面颜色为银灰或黑色，亚光；电池箱体表面不得有划痕、尖角、毛刺、焊缝及残余油迹等外观缺陷，焊接处必须打磨圆滑。

4）辅助元器件

辅助元器件主要包括动力电池系统内部的电子电器元件，如熔断器、继电器、分流器、接插件、紧急开关、烟雾传感器等，维修开关以及电子电器元件以外的辅助元器件，如密封条、绝缘材料等。

接触器位于线束和继电器模块内，用于控制高电压的通断。当接触器闭合时，高电压自电池组输出到车辆动力系统，接触器断开后，高电压保存在电池组内。

5）动力电池的功能

将化学能转换成电能的装置叫化学电池，一般简称为电池。电池放电后，能够用充电的方式使内部活性物质再生把电能储存为化学能；需要放电时再次把化学能转换为电能，这类电池称为蓄电池，一般也称二次电池。

6）动力电池的作用

动力电池的作用是接收和储存由车载充电机、发电机、制动能回收装置或外置充电装置提供的电能，并且为驱动电动机和其他高压用电设备提供电能（图 2-4-6），类似于燃油车的油箱。

（a）动力电池充电

（b）动力电池储存能量回收装置产生的电能

图 2-4-6　动力电池的作用

动力电池是纯电动汽车的核心部件，也是新能源汽车上价格最高的部件之一。动力电池的性能好坏直接决定了车辆的实际价值。动力电池一旦失效，车辆就会处于瘫痪状态。

动力电池属于高压安全部件，内部机构复杂，工作时需要很苛刻的条件，任何异常因素都将导致动力被切断，因此维修人员对动力电池的诊断与测试前必须经过严格的培训。

7）安装位置

动力电池尽可能放在清洁、明亮、通风、干燥的地方并避免阳光直射，远离热源。动力电池应该水平安装放置，不可倾斜。动力电池之间应有冷却装置，以避免动力电池在使用过程中产生过高的热量而影响其性能或造成损坏，严重时可导致爆炸。

纯电动汽车的动力电池体积较大，一般位于车辆底部前、后桥及两侧纵梁之间，安装在这些位置可以有较高碰撞安全性，可以降低车辆重心，车辆操控性更好。图 2-4-7 所示为 EV150 普莱德磷酸铁锂电池包安装位置。混合动力电动汽车的动力电池体积较小，可在行李箱和后排座椅的下方或之间。图 2-4-8 所示为普锐斯动力电池安装位置。

动力电池安装在这些地方，不但使拆装操作更加简单，避免了动力电池安装分散，减少动力电池之间高压连接线束，避免了线路进接过多，而且节约了成本。

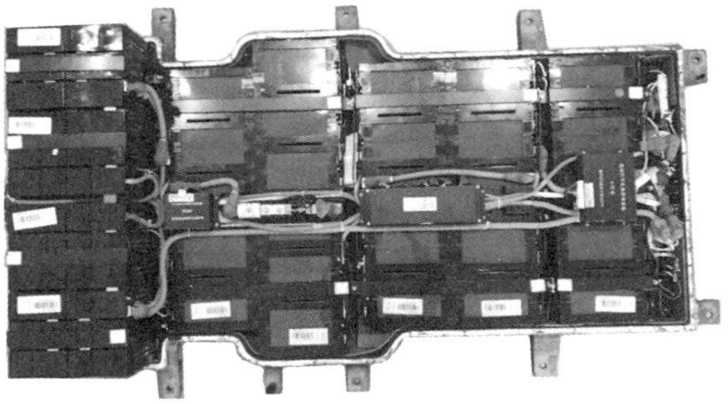

图 2-4-7 EV150 普莱德磷酸铁锂电池包

图 2-4-8 普锐斯动力电池安装位置

2. 动力电池性能指标

动力电池作为测试对象的形式有单体和电池组两种形式。单体是电池最基本的单元，称单元电池，它是构成车用动力电池的基础。单元电池的电压和能量都十分有限，使用过程中一般都是以串并联的形式成组地提升输出电压和功率。为了方便电池的安装运输和使用，一般将若干个单元电池以串并联的方式构成动力电池组。

除了传统的铅酸电池外，镍氢电池、锂离子电池等车用动力电池，根据各自技术原理有不同的特性，在比容量、充放电次数、技术成熟度性能上有差别。典型电池的性能指标参数值见表 2-4-1。

铅酸电池技术最成熟价格较低，但比容量较低且循环寿命较短；镍氢电池循环寿命较长技术较为成熟，但单体电压较低；锂离子电池单元电压较高，循环寿命和比容量也相当可观，但成本相对较高。锂离子电池在电动汽车动力电池的应用上拥有更广阔的前景。目前市场上应用较多的电池正极材料有磷酸铁锂、锰酸锂和三元材料，还有关于钛酸锂作为负极电极材料电池的研究。

表 2-4-1　电池性能指标参数

电池类型	单位电压/V	比容量/（A·h/kg）	循环次数	技术成熟度	成本
铅酸电池	2.0	50	500	成熟	低
镍氢电池	1.2	80	2 000	较成熟	较低
锂离子电池（磷酸铁锂）	3.2	150	2 000	较成熟	较高

电动汽车用动力电池的主要性能指标包括电压、内阻、容量和比容量、能量以及效率等。要使电动汽车能与传统的燃油汽车相竞争，关键就是要开发出比能量高、比功率大、使用寿命长的高效电池。目前，针对评价动力电池性能已经有了较为完善的法规和测试方法。总结下来，主要从电池基本性能、循环性能（使用寿命）和安全来对电池的好坏做出评价（表 2-4-2）。

表 2-4-2　动力电池常见性能评价

<table>
<tr><th></th><th>单体</th><th>模块</th><th>包/系统</th></tr>
<tr><td rowspan="2">基本性能</td><td colspan="3">一致性（容量、能量、内阻、功率）</td></tr>
<tr><td>绝热量热测试（ARC）分析，Cp 测试</td><td>不同温度倍率下的充放电性能</td><td>BMS 功能测试，不同温度、倍率下充放电性能，高低温启动、能量效率</td></tr>
<tr><td rowspan="2">循环性能</td><td colspan="3">常规寿命（考虑因素：充放电电流、工作 SOC 区间）</td></tr>
<tr><td>日历寿命（电池质保期）</td><td>模拟工况寿命</td><td>实际工况寿命（FUDS 工况、US06 工况、MVEC 工况、NEDC 工况）</td></tr>
<tr><td rowspan="2">安全性能</td><td colspan="3">电可靠性、机械可靠性、环境可靠性</td></tr>
<tr><td colspan="2">过放电、过充电、短路、跌落、挤压、针刺、海水浸泡、加热、温度冲击</td><td>EMC、短路保护、过充电保护、过放电保护、不均衡充电、模拟碰撞、挤压、机械冲击、跌落、振动、翻转、外部火烧、结露、冷热循环、沙尘、淋雨、浸水、盐雾、过温</td></tr>
</table>

在基本性能的评价上，通过测试电池的容量、内阻和输出功率来评定电池的基本性能。由于测试的对象是用在汽车上的动力电池，因此测试会包括动力电池的单个电池，即单元（单体）检测，也会有针对串并联的电池模组进行检测。

在循环性能测试上，主要测试的是整个动力电池的常规使用寿命，考虑的因素有充放电电流和工作的 SOC 范围。安全性能是动力电池运用在汽车上非常重要的一个指标，结合车辆的运行工况，必须测试电池的可靠性等因素。

此外，除了对动力电池本身的检测外，在国家和行业标准中，还有对动力电池管理系统性能、试验方法、检验规则和标识运输及存储的要求。

3. 动力电池的性能指标检测方法

常用的动力电池性能指标检测方法包括荷电状态（SOC）、内阻、容量、循环寿命、一致性等。

1）SOC 状态检测

电池的荷电状态（SOC）被用来反映电池的剩余容量状况，这是国内外目前比较统一的认识，它被定义为电池剩余容量占电池容量的比值。

荷电状态（SOC）是动力电池重要的技术参数，只有准确知道电池的荷电状态，才能更好地使用电池。因为电池组的 SOC 和很多因素相关且具有很强的非线性，所以给 SOC 实时在线估算带来很大的困难，还没有一种方法能十分准确地测量电池的荷电状态。目前，主要的测量方法有以下几种：开路电压法、安时计量法、内阻法等。

（1）开路电压法。

开路电压法是利用电池的开路电压与电池的 SOC 的对应关系，通过测量电池的开路电压来估计 SOC。开路电压法比较简单，但是开路电压法适用于测试稳定状态下的电池 SOC，不能用于动态的电池 SOC 估算。

（2）安时积分法。

安时积分法是通过负载电流的积分估算 SOC，该方法实时测量充入电池和从电池放出的电量，从而能够给出电池任意时刻的剩余电量。这种方法实现起来较简单，受电池本身情况的限制小，宜于发挥实时监测的优点，简单易用、算法稳定，成为目前电动汽车上使用最多的 SOC 估算方法。安时积分法估算模型如图 2-4-9 所示。

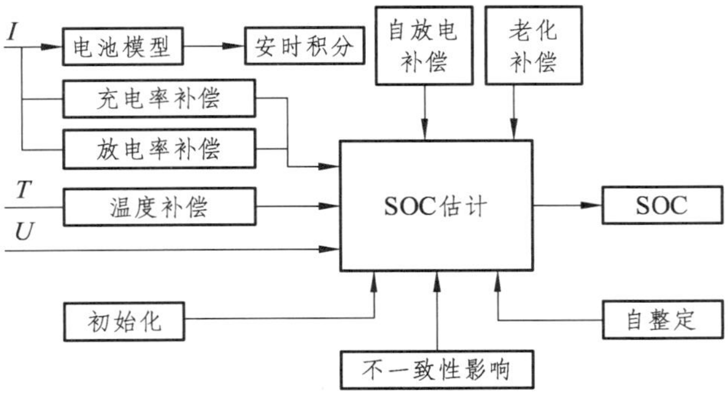

图 2-4-9　安时积分法常规估算模型

（3）内阻法。

电池的 SOC 与电池的内阻有一定的联系，可以利用电池内阻与 SOC 的关系来预测电池的荷电状态。图 2-4-10 所示是电池内阻测试仪。

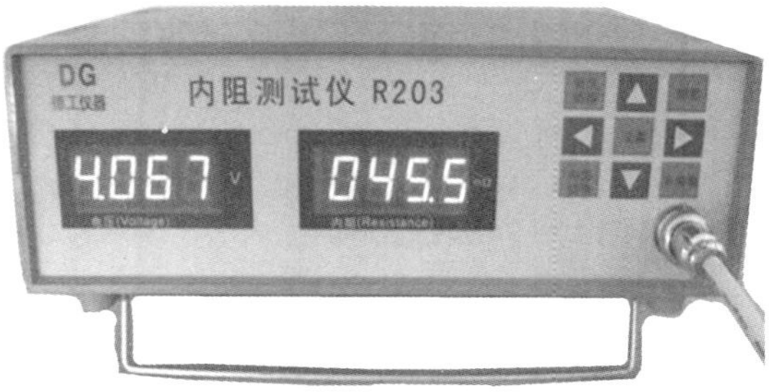

图 2-4-10　电池内阻测试仪

2）内阻检测

内阻是电池最为重要的特性参数之一，绝大部分老化的电池都是因为内阻过大而无法继续使用。通常电池的内阻阻值很小，一般用毫欧来度量。不同电池的内阻不同，型号相同的电池由于各电池内部的电化学性能不一致所以内阻也不尽相同。对于电动汽车动力电池而言，电池的放电倍率很大，在设计和使用过程中要尽量减小电池的内阻，确保电池能够发挥其最大功率特性。

锂离子电池的内阻不是固定不变的常数，而是在使用过程中会受到荷电状态（SOC）和温度等因素的影响。

内阻测量是一个比较复杂的过程，目前主要有两种方法，即直流放电法和交流阻抗法。

（1）直流放电法。

直流放电法是对蓄电池进行瞬间大电流放电（一般为几十到上百安培），然后测量电池两端的瞬间压降，再通过欧姆定律计算出电池内阻。该方法比较符合电池工作的实际工况，简单且易于实现，在实践中得到了广泛的应用。但该方法的缺点是必须在静态或脱机的情况下进行，无法实现在线测量。图 2-4-11 所示是直流放电测试仪，它一般有电阻和散热装置。

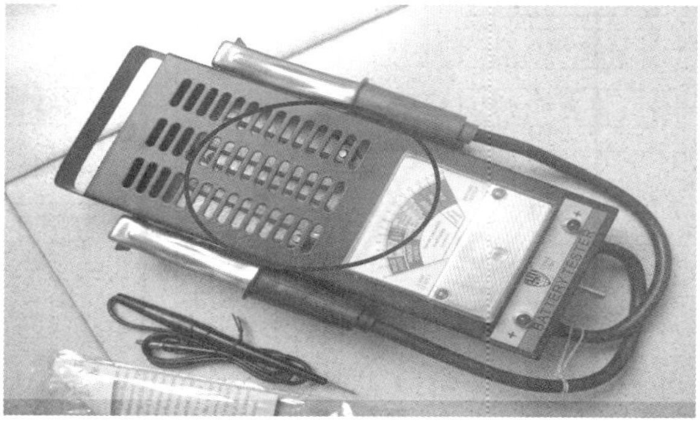

图 2-4-11　直流放电测试仪

（2）交流阻抗法。

交流阻抗法是一种以小幅值的正弦波电流或者电压信号作为激励源，注入蓄电池，通过测定其响应信号来推算电池内阻。该方法的优点在于用时较短，不会因大电流放电对电池本身造成太大的损害。

3）容量检测

电池容量是指在一定条件下（包括放电率、环境温度、终止电压等），供给电池或者电池放出的电量，即电池存储电量的大小，是电池另一个重要的性能指标。容量通常以安培·小时（A·h）或者瓦特·小时（W·h）表示。A·h 容量是国内外标准中通用容量表示方法，延续电动汽车电池中概念，表示一定电流下电池的放电能力，常用于电动汽车电池。图 2-4-12 所示为电池容量测试仪与测试方法。

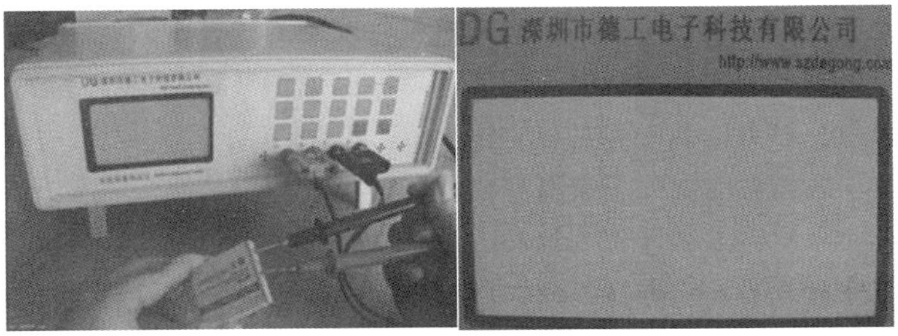

图 2-4-12　电池容量测试仪与测试方法

电池容量测试的标准流程为：放电阶段→搁置阶段→充电阶段→搁置阶段→放电阶段。具体为：用专用的电池充放电设备，在特定温度条件下，蓄电池以设定好的电流进行放电，至蓄电池电压达到技术规范或产品说明书中规定的放电终止电压时停止放电，静置一段时间，然后再进行充电。

充电一般分为两个阶段，先以固定电流恒流充电，至蓄电池电压达技术规范或产品说明书中规定的充电终止电压时转恒压充电，此时充电电流逐渐减小，至充电电流降至某一值时停止充电，充电后静置一段时间。在设定好的环境下以固定的电流进行放电，直到放电终止电压为止，用电流值对放电时间进行积分计算出容量（以 A·h 计）。

4）寿命检测

电池的寿命有循环寿命和日历寿命之分，其中应用最多的是循环寿命。电池在使用过程中的容量会逐渐损失。导致锂离子电池容量损失原因很多，有材料方面的原因，也有生产工艺方面的因素。一般认为，当蓄电池用旧只能充满原有电容量 80%时，就不再适合继续在电动汽车上使用，可以进行梯次利用、回收、拆解和再生。

常规的循环寿命测试方法基本上就是容量测试充放电过程的循环。典型的方法是，将蓄电池充满电，再在特定温度和电流下放电，直到放电容量达到某一预先设定的数值，如此连续重复若干次。再将电池充满电，将电池放电到放电截止电压检查其容量。如果蓄电池容量小于额定容量的 80%终止试验，充放电循环在规定条件下重复的次数为循环寿命数。

5）一致性检测

电池容量分为单元电池的容量和电池组的容量，在现有的动力电池技术水平下，电动汽车必须使用多块电池构成的电池组来满足使用要求。由于同一类型、同一规格、同一型号电池间在开路电压、内阻、容量等方面的参数值存在差别，即电池性能存在不一致性，使动力电池组在电动汽车上使用时，性能指标往往达不到单电池的原有水平，使用寿命缩短，严重影响其在电动汽车上的应用，有必要对电池组的一致性进行测试与评价。

电池开路电压间接地反映了电池的某些性能，保证电池开路电压的一致，是保证性能一致的一个重要方面。一般采用的方法是将电池静置数十天，测其满电荷电状态下储存的自放电率以及满电状态下不同储存期内电池的开路电压，通过观察自放电率和电压是否一致来对电池的一致性进行评价。

容量是体现电池性能的一个重要参数。可按标准的容量测试流程计算容量，再根据容量及分布对一致性进行评价。这种方法具有操作简单、设备便宜、厂家易于实施等特点；但工作状态和使用环境不同，都会引起电池电压、容量特性的变化，在指定条件下的容量一致，并不能保证电池在实际充放电过程中保持一致。图 2-4-13 所示为电池容量分容柜。

如前文所述，电池的内阻可以快速地测量，因此被广泛用于评价电池的一致性。但准确地测量内阻还有较大的难度，在目前仅能作为定性参考，很难作为定量、精确的依据。

图 2-4-13　电池容量分容柜

任务工单

1. 纯电动车辆信息记录

品牌		整车型号		生产日期	
行驶里程					
驱动电机型号			额定功率		
动力电池 额定电压			额定容量		
车辆识别代码					

2. 读取动力电池数据流

故障代码		故障码诊断程序	第____章____节____页
参数名称	静止工况数据		判定
高压侧电压	额定功率		正常□　异常□
低压侧电压			正常□　异常□
MOS 管温度电机 母线电压			正常□　异常□
电机扭矩			正常□　异常□
电池组当前总电压			正常□　异常□
动力电机转速			正常□　异常□
交流 U 项电压			正常□　异常□
交流 V 项电压			正常□　异常□
交流 W 项电压			正常□　异常□

任务评价

1. 自　评

结合本组任务分配情况及操作要求，对任务执行过程中的操作规范性进行检查，检查操作过程中是否存在以下问题，分析讨论应如何避免并总结规范的操作方法和步骤。

检查项目	结果
绝缘工具是否检查其绝缘性能及保质期	是□　　否□
是否按规范做好个人安全防护措施	是□　　否□
是否按规范对车辆进行防护	是□　　否□
是否对车辆的高压部分做好绝缘防护，并妥善保管高压开关和车钥匙，并确认放电后母线电压	是□　　否□
举升机是否按规范操作，是否注意人身安全	是□　　否□
动力电池性能检测项目是否有漏项	是□　　否□
动力电池性能故障是否排除	是□　　否□
车辆、设备和工具是否复位	是□　　否□
工作场地是否清洁	是□　　否□

2. 互　评

组与组之间相互进行任务操作过程及结果检查，并把检查结果记录于下表。

检查项目	结果
绝缘工具是否检查其绝缘性能及保质期	是□　　否□
是否按规范做好个人安全防护措施	是□　　否□
是否按规范对车辆进行防护	是□　　否□
是否对车辆的高压部分做好绝缘防护，并妥善保管高压开关和车钥匙，并确认放电后母线电压	是□　　否□
举升机是否按规范操作，是否注意人身安全	是□　　否□
动力电池性能检测项目是否有漏项	是□　　否□
动力电池性能故障是否排除	是□　　否□
车辆、设备和工具是否复位	是□　　否□
工作场地是否清洁	是□　　否□

学习测试

1. 判断题

（1）动力电池作为测试对象的形式有单体和电池组两种形式。单体是电池最基本的单元，称单元电池，是构成车用动力电池的基础。（　　）

（2）在基本性能的评价上，测试的是整个动力电池的常规使用寿命，考虑的因素有充放电电流和工作的 SOC 范围。（　　）

（3）常用的动力电池性能指标检测方法包括荷电状态（SOC）、内阻、容量、循环寿命、一致性等检测方法。（　　）

（4）禁止未参加该车型高压系统知识培训的维修人员拆解新能源汽车的高压系统。（　　）

（5）当拆解或装配动力电池时，不需要断开 12 V 电源和动力电池上的手动维修开关。（　　）

（6）在安装动力电池母线上的固定螺栓时，要使用绝缘工具。（　　）

（7）动力电池组主要由动力电池模组、电池管理系统、动力电池箱及辅助元器件等四部分组成。（　　）

2. 单选题

（1）可逆电池是指外接电源电压（　　）电池装置电动势。

A. 大于　　B. 等于

C. 小于

（2）（　　）不可作为电动汽车动力电池。

A. 铅酸电池　　B. 锂离子电池

C. 镍氢电池　　D. 锌银电池

（3）关于蓄电池的检测，下列说法正确的是（　　）。

A. 外观检查时，只检查蓄电池接线柱、电缆和托架固定架是否有腐蚀即可

B. 外观检查时，只检查蓄电池周围无漏液，壳体和桩柱无破损裂纹即可

C. 用万用表检测蓄电池电压，只要在 12.6 V 以上就一定可以用

D. 万用表检测的蓄电池端电压，只能作为检测的参考因素

（4）（　　）性能比较高，可以快速充电、高功率放电、能量密度高，且循环寿命长，但高温下安全性能差。

A. 镍氢电池

B. 锂离子电池

C. 铅酸电池

（5）动力电池包衰减诊断故障代码在下列（　　）情况下可能出现。

A. 电池组已经退化到需要进行更换

B. 电池组已经退化到只有原电池容量的 20%左右

C. 车辆的动力电池包电压为 0 V

D. 这些诊断故障代码是根据汽车的行驶里程设定的

（6）动力电池的能量储存与输出都需要模块来进行管理，即动力电池能量管理模块，也称为动力电池管理系统，或动力电池能量管理系统，简称（　　）。

A. BBC　　B. ABS

C. BMS　　D. EPS

（7）集中式动力电池管理系统的特征是（　　）。

A. 电池管理系统与电池包分开

B. 电池信息采集器与电池管理控制器分开

C. 电池信息采集器与电池模组分开

D. 信息采集器和管理器集合在一起

（8）分布式动力电池管理系统的特征是（　　）。

A. 电池管理系统与电池包分开

B. 电池信息采集器与电池管理控制器分开

C. 电池信息采集器与电池模组分开

D. 信息采集器和管理器集合在一起

（9）动力电池的主要技术参数有（　　）。

A. 最大放电倍率、重量、充电倍率等

B. 总容量、总电压、最大放电倍率等

C. 总容量、总电压、最大放电倍率、重量、充电倍率等

（10）动力电池系统的额定电压=（　　）。

A. 单体电芯额定电压 × 单体电芯串联数

B. 单体电芯容量 × 单体电芯并联数量

C. 动力电池系统的额定电压 × 动力电池系统的容量

D. 动力电池系统总能量密度 × 动力电池系统重量

项目 2 任务 4 资源

参考文献

[1] 包科杰，徐利强. 新能源汽车维护与故障诊断[M]. 北京：人民交通出版社，2017.

[2] 张利，缑庆伟. 新能源汽车驱动电机与控制技术[M]. 北京：人民交通出版社，2018.

[3] 陈全世. 先进电动汽车技术[M]. 3版. 北京：化学工业出版社，2018.

[4] 唐勇，王亮. 新能源汽车电气技术[M]. 北京：人民交通出版社，2017.

[5] 谭晓军. 电动汽车智能电池管理系统技术[M]. 北京：机械工业出版社，2019.

[6] 陈美多，彭新. 新能源汽车技术[M]. 成都：西南交通大学出版社，2017.

[7] 曾鑫，刘涛. 新能源汽车动力电池与驱动电机[M]. 北京：人民交通出版社，2017.